BRAZILIAN COMPANY LAW

巴西公司法

查 红——译

北京

图书在版编目（CIP）数据

巴西公司法 / 查红译. -- 北京：法律出版社，2025. -- ISBN 978 - 7 - 5244 - 0166 - 7

I. D977.71

中国国家版本馆 CIP 数据核字第 2025246ZU9 号

巴西公司法	查　红　译	策划编辑　张　颖
BAXI GONGSIFA		责任编辑　张　颖
		装帧设计　鲍龙卉

出版发行 法律出版社	开本 710 毫米×1000 毫米 1/16
编辑统筹 法律应用出版分社	印张 15.5　　字数 150 千
责任校对 朱海波	版本 2025 年 5 月第 1 版
责任印制 刘晓伟	印次 2025 年 5 月第 1 次印刷
经　　销 新华书店	印刷 三河市兴达印务有限公司

地址：北京市丰台区莲花池西里 7 号（100073）
网址：www.lawpress.com.cn　　　　　　　　销售电话：010 - 83938349
投稿邮箱：info@lawpress.com.cn　　　　　　客服电话：010 - 83938350
举报盗版邮箱：jbwq@lawpress.com.cn　　　　咨询电话：010 - 63939796
版权所有·侵权必究

书号：ISBN 978 - 7 - 5244 - 0166 - 7　　　　　　定价：69.00 元
凡购买本社图书，如有印装错误，我社负责退换。电话：010 - 83938349

巴西共和国总统府

民事办公室

司法事务处

巴西公司法

(第 6.404 号法律)

1976 年 12 月 15 日

对股份公司的规定

共和国总统特此宣布,国民议会审议通过以下法律,我在此予以批准:

目 录

第一章　股份公司的特征与性质

特征　　　　　　　　　　　　　　　　　*001*

公司宗旨　　　　　　　　　　　　　　　*001*

公司名称　　　　　　　　　　　　　　　*002*

公众股份公司和封闭股份公司　　　　　　*002*

第二章　股本

第一节　金额　　　　　　　　　　　　　*005*

　　　　章程确定和币种　　　　　　　　*005*

　　　　变更　　　　　　　　　　　　　*005*

第二节　出资形式　　　　　　　　　　　*006*

　　　　货币和非货币财产　　　　　　　*006*

　　　　估价　　　　　　　　　　　　　*006*

资产转让　　　　　　　　　　　　　　　007

　　发起人的责任　　　　　　　　　　　　007

第三章　股份

第一节　数量和票面价值　　　　　　　　008

　　章程确定　　　　　　　　　　　　　　008

　　变更　　　　　　　　　　　　　　　　008

第二节　发行价格　　　　　　　　　　　　009

　　票面价值股　　　　　　　　　　　　　009

　　无票面价值股　　　　　　　　　　　　009

第三节　股份类型和层级　　　　　　　　　010

　　股份类型　　　　　　　　　　　　　　010

　　普通股　　　　　　　　　　　　　　　010

　　优先股　　　　　　　　　　　　　　　011

　　投票优势　　　　　　　　　　　　　　013

　　章程约定　　　　　　　　　　　　　　014

第四节　　　　　　　　　　　　　　　　　014

　　形式　　　　　　　　　　　　　　　　014

　　未缴款的股份　　　　　　　　　　　　014

　　章程的规定　　　　　　　　　　　　　014

第五节　股份证书　　　　　　　　　　　　015

	签发	*015*
	要求	*015*
	多股股份证书和临时凭证	*017*
	息票	*017*
	股份证书的发行代理机构	*017*
第六节	**所有权和流通**	*018*
	不可分割性	*018*
	流通性	*018*
	公司买卖自身股份	*018*
	记名股份	*019*
	背书股份	*020*
	无记名股份	*020*
	簿记股份	*020*
	流通限制	*022*
	暂停服务	*022*
	遗失或灭失	*022*
第七节	**物权的设立和其他权利负担**	*023*
	股份质押	*023*
	其他权利负担	*024*
第八节		*024*
	流通股的托管	*024*
	代表和责任	*025*
第九节	**股份存托凭证**	*026*

第十节　赎回、收益摊销和异议股份回购　　　　　027

　　赎回和收益摊销　　　　　027

　　异议股份回购　　　　　029

第四章　收益权证

　　特征　　　　　032

　　发行　　　　　032

　　赎回与转股　　　　　033

　　证书　　　　　033

　　形式、所有权、流通和权利负担　　　　　034

　　权利的变更　　　　　034

第五章　债券

　　特征　　　　　036

第一节　债券持有人的权利　　　　　036

　　发行　　　　　036

　　面值　　　　　037

　　到期、摊销和赎回　　　　　037

　　利息和其他权利　　　　　038

　　转股　　　　　038

第二节	债券类型	039
第三节	设立和发行	040
	权限	040
	发行限额	042
	债券发行书	042
	登记	043
第四节	形式、所有权、流通和权利负担	044
第五节	证书	045
	要求	045
	多份债券汇总凭证和临时凭证	046
第六节	债券持有人指定的信托代理人	046
	要求和回避原则	046
	信托代理人更换、报酬和监督	047
	权责	048
	其他职能	050
	担保的更换和发行书的修改	050
第七节	债券持有人大会	050
第八节	债券票据（根据1997年第9.457号法律修订）	052
第九节	境外发行债券	053
第十节	终止发行	054

第六章　认股权证

特征	055
权限	055
发行	055
形式、所有权和流通	056
证书	056

第七章　公司设立

第一节		057
	初步要求	057
	出资款	057
第二节	公开募股设立公司	058
	发行登记	058
	公司章程草案	058
	招股说明书	059
	认购清单、公告和出资款	060
	股东会召集	061
	公司成立大会	061
第三节	认购人发起设立公司	062

第四节 一般规定　　　　　　　　　　　　　　063

第八章　公司设立的完备手续

备案和公告　　　　　　　　　　　　064

股东会设立公司　　　　　　　　　　064

公开契约设立公司　　　　　　　　　065

工商登记　　　　　　　　　　　　　065

公告和产权转让　　　　　　　　　　066

第一任管理人员责任　　　　　　　　066

第九章

簿册　　　　　　　　　　　　　　　068

发行代理账簿　　　　　　　　　　　070

簿记股份　　　　　　　　　　　　　070

簿册的检查和质询　　　　　　　　　071

公司责任　　　　　　　　　　　　　071

出示簿册　　　　　　　　　　　　　072

第十章　股东

第一节	出资义务	073
	条件和延迟履约	073
	违约股东	073
	转让方的责任	075
第二节	基本权利	075
第三节	表决权	076
	一般规定	076
	优先股	081
	无记名股份不行使表决权	081
	质押股份和所有权转让担保股份的表决权	082
	有用益权记录的股份的表决权	082
	滥用表决权和利益冲突	082
第四节	控股股东	084
	义务	084
	责任	085
第五节	股东协议	086
第六节	代表定居或常住在境外的股东	088
第七节	中止行使权利	088

第十一章　股东会

第一节		
	一般规定	089
	专属职权	089
	股东会召开权限	091
	股东会召开的形式和地点	092
	股东会"法定出席人数"	094
	合法性和代理	094
	签到记录	096
	主席团	096
	最低决议比例	096
	股东会纪要	097
	股东会类型	098
第二节	年度股东会	098
	目的	098
	管理文件	098
	程序	100
第三节	特别股东会	101
	公司章程修订	101
	最低决议比例	101

退出权　　　　　　　　　　　　　104

第十二章　董事会和高管会

公司管理层　　　　　　　　　　　107
第一节　董事会　　　　　　　　　108
　　　　组成　　　　　　　　　　108
　　　　累积投票　　　　　　　　109
　　　　职能　　　　　　　　　　111
第二节　高管会　　　　　　　　　112
　　　　组成　　　　　　　　　　112
　　　　代表权　　　　　　　　　113
第三节　管理人员　　　　　　　　113
　　　　通用规定　　　　　　　　113
　　　　要求和限制　　　　　　　113
　　　　管理人员的担保　　　　　115
　　　　就职　　　　　　　　　　115
　　　　职位的替补和终止　　　　116
　　　　辞职　　　　　　　　　　117
　　　　薪酬　　　　　　　　　　117
第四节　责任与义务　　　　　　　118
　　　　勤勉义务　　　　　　　　118

职责目标与滥用权力	*118*
忠诚义务	*119*
利益冲突	*120*
告知义务	*121*
管理人员的责任	*122*
追责诉讼	*123*
技术和咨询机构	*124*

第十三章　财委会

组成和运作方式	*125*
资质要求、任职限制和薪酬	*126*
职能	*127*
意见和陈述	*129*
义务与责任	*130*

第十四章　股本变更

第一节	增资	*132*
	权限	*132*
	年度货币调整	*133*
	授权资本	*134*

利润和储备的资本化　　　　　　　　*134*

　　股份认购　　　　　　　　　　　　　*135*

　　优先认购权　　　　　　　　　　　　*137*

　　优先认股权的排除　　　　　　　　　*139*

第二节　　　　　　　　　　　　　　　　　*139*

　　减资　　　　　　　　　　　　　　　*139*

　　债权人异议　　　　　　　　　　　　*140*

——————— **第十五章　财政年和财务报表** ———————

第一节　财政年　　　　　　　　　　　　*141*

第二节　财务报表　　　　　　　　　　　*141*

　　一般规定　　　　　　　　　　　　　*141*

　　账簿　　　　　　　　　　　　　　　*144*

第三节　资产负债表　　　　　　　　　　*145*

　　账户组分类　　　　　　　　　　　　*145*

　　资产　　　　　　　　　　　　　　　*146*

　　流动性负债　　　　　　　　　　　　*147*

　　未来财政年度收益　　　　　　　　　*147*

　　净资产　　　　　　　　　　　　　　*148*

　　资产计量标准　　　　　　　　　　　*149*

　　负债的计量标准　　　　　　　　　　*152*

　　　　　　公司合并与收购计量标准

　　　　　　（根据2009年第11.941号法律新增）　　　*152*

　　　　　　货币调整　　　*153*

第四节　留存收益表　　　*153*

第五节　损益表　　　*153*

第六节　现金流量表和增值表

　　　　　　（根据2007年第11.638号法律修订）　　　*154*

第十六章　利润、储备金和股利

第一节　利润　　　*156*

　　　　　　亏损扣除和所得税　　　*156*

　　　　　　份额　　　*156*

　　　　　　净利润　　　*157*

　　　　　　利润分配提案　　　*157*

第二节　储备金和利润留存　　　*157*

　　　　　　法定储备金　　　*157*

　　　　　　任意盈余储备金　　　*158*

　　　　　　应急储备金　　　*158*

　　　　　　税收激励储备金

　　　　　　（根据2007年第11.638号法律新增）　　　*159*

　　　　　　利润储备金　　　*159*

		未实现利润储备金	*160*
		储备金和利润留存的限制	*160*
		利润储备余额的限制 (根据2007年第11.638号法律修订)	*161*
		资本储备	*161*
第三节	股利		*162*
		来源	*162*
		法定股利	*162*
		优先股股利	*164*
		中期股利	*165*
		股利的支付	*165*

第十七章　解散、清算和终止

第一节	解散		*167*
		效力	*168*
第二节	清算		*168*
		公司清算	*168*
		司法清算	*168*
		清算人的职责	*169*
		清算人的权力	*170*
		公司名称	*170*

	股东会	*170*
	债务支付	*171*
	资产分配	*171*
	账目报告	*172*
	清算中的责任	*172*
	未清偿债权人的权利	*173*
第三节	终止	*173*

第十八章　改制、合并和分拆

第一节	改制	*174*
	定义和形式	*174*
	决议	*174*
	债权人的权利	*175*
第二节		*175*
	吸收合并、新设合并和分拆的权限与程序	*175*
	协议书	*176*
	理由	*177*
	改制、合并和分拆的具体规定 (根据 2007 年第 11.638 号法律修订)	*177*
	吸收合并	*178*
	新设合并	*179*

分拆	*179*
退出权	*180*
债券持有人的权利	*181*
债权人在公司合并中的权利	*181*
债权人在分拆中的权利	*182*
权利义务承继登记	*182*

────── **第十九章　混合所有制公司** ──────

适用法规	*183*
成立与控制权的取得	*183*
经营范围	*184*
控股股东	*184*
管理机构	*184*
财委会	*185*
货币调整	*185*
破产和次要责任	*185*

────── **第二十章　关联公司、控股公司和子公司** ──────

第一节　管理层报告中的信息	*186*
第二节　互持股份	*187*

第三节	管理人员和控股公司的责任	*188*
	管理人员	*188*
	控股公司	*188*
第四节	财务报表	*189*
	说明性附注	*189*
	对关联公司和子公司的投资计量	*190*
	合并财务报表	*191*
	合并财务报表的规定	*191*
第五节		*192*
	全资子公司	*192*
	股份合并	*193*
	全资子公司新增股东	*194*
第六节	控制权的转让	*194*
	披露	*194*
	须经授权的公众股份公司	*195*
	买方股东会的批准	*196*
第七节		*197*
	通过公开要约取得控制权	*197*
	要求	*197*
	购买要约	*198*
	置换要约	*198*
	保密要求	*199*
	要约程序	*199*

	竞争性要约	200
	要约期间的交易	200
第八节	子公司的吸收合并	200

第二十一章　集团公司

第一节	性质和特征	202
	特征	202
	性质	202
	命名	203
	须获得营业许可的公司	203
第二节		203
	成立、注册和信息公开	203
	公司股东的批准	204
	注册和信息公开	205
第三节	管理	206
	集团的管理人员	206
	子公司的管理人员	206
	薪酬	206
第四节	财务报表	207
第五节		207
	违反集团章程所造成的损失	207

子公司的财委会　　208

———————— 第二十二章　联营体 ————————

———————— 第二十三章　股份合伙公司 ————————

———————— 第二十四章　诉讼时效 ————————

———————— 第二十五章　一般规定 ————————

———————— 第二十六章　过渡性条款 ————————

第一章

股份公司的特征与性质

特征

第1条 股份公司的资本应分成股份,股东的责任限于其认购或购买股份的出资额。

公司宗旨

第2条 公司的宗旨可以是营利,但以营利为目的进行的活动不得违反法律法规或公序良俗。

第1款 无论公司宗旨为何,公司均从事商业活动,受商业法律和惯例的约束。

第2款 公司章程应准确、完整地界定公司宗旨。

第3款 公司的宗旨可以是参与投资其他公司;即使章程中没有规定,公司也可以通过参与投资其他公司来实现其公司宗旨或享受税收优惠。

公司名称

第3条 公司名称应包含"公司"或"股份公司"字样,可以是全称也可以是缩写,但不得将"公司"字样用在名称末尾。

第1款 公司名称中可以包含创始人、股东或以任何其他方式为公司做出贡献的人的姓名。

第2款 如果公司名称与已经存在的公司名称相同或相似,受损害的公司有权通过行政途径(第97条)或诉讼途径要求修改公司名称,并要求赔偿由此造成的损失。

公众股份公司和封闭股份公司

第4条 就本法而言,根据公司发行的证券是否在证券市场上交易,公司可分为公众股份公司和封闭股份公司两种。(根据2001年第10.303号法律修订)

第1款 只有在证监会注册登记的公司发行的证券才能在证券市场上交易。(根据2001年第10.303号法律修订)

第2款 未经证监会事先注册登记的公司,不得进行任何证券的公开发行。(根据2001年第10.303号法律新增)

第3款 证监会可以根据公司发行并在市场上交易

的证券的类型和层级,将公众股份公司分为不同的类别,并明确适用于每一类公众股份公司的具体规定。(根据2001年第10.303号法律新增)

第4款 对于在市场上交易的公众股票公司,取消在证监会注册登记的前提是发行股份的公司、控股股东直接或间接控制该公司的公司,对市场上流通的全部股份提出公开要约收购。要约收购的公允价值不低于根据单独或组合采用的账面净资产、市场价值评估的净资产、现金流折现、市盈率倍数、证券市场股份报价等,或者根据证监会认可的其他标准确定的评估价值。同时,对要约收购价格的修正应符合第4-A条的规定。(根据2001年第10.303号法律新增)

第5款 证监会规定的公开要约期限届满后,如果剩余流通的股份不足公司发行股份的5%,股东会可以决定按第4款规定的要约价格赎回这些股份,但须将赎回款项存入经证监会授权的银行机构中,由持有人支配,在这种情况下,赎回金额不适用第44条第6款的规定。(根据2001年第10.303号法律新增)

第6款 控股股东或控股公司收购其控制的公众股份公司的股份,使其直接或间接持有某一类别股份的比例达到证监会规定的可能妨碍剩余股份市场流动性的比例时,应当按照第4款规定的价格,对市场上剩余的全部股份提出公开要约收购。(根据2001年第10.303号法

律新增)

第4-A条 在公众股份公司中,持有市场上流通股份至少10%的股东,可以请求公司管理人员召开市场上流通股份持有人的特别股东会,审议按相同或其他标准重新评估第4条第4款所述的公司估值。(根据2001年第10.303号法律新增)

第1款 该请求应在公开要约价格披露之日起15日内提出,并应有充分的理由和证据证明在采用计算方法或估值标准方面存在缺陷或不准确之处,如果管理人员在8日内未对召开大会的请求进行答复,本条所述股东可以自行召开股东会。(根据2001年第10.303号法律新增)

第2款 市场上流通的股份是指公众股份公司股本中的所有股份,减去控股股东、高管、董事会成员持有的股份和库存股。(根据2001年第10.303号法律新增)

第3款 如果新的估值低于或等于公开要约的初始价格,要求进行重新估值的股东和投票赞成重新估值的股东应赔偿公司由此产生的费用。(根据2001年第10.303号法律新增)

第4款 证监会应负责监督第4条和本条规定的执行,并确定本次修订生效的期限。(根据2001年第10.303号法律新增)

第二章

股　本

第一节　金　额

章程确定和币种

第 5 条　公司章程应规定以本国货币计价的股本金额。

唯一款*　已缴股本的货币金额应每年进行调整。（第 167 条）

变更

第 6 条　股本的变更必须按照本法和公司章程的规定进行。（第 166 条至第 174 条）

---

* 唯一款表述属巴西公司法中的特别表达。——译者注

第二节 出资形式

货币和非货币财产

第7条 股本可以由货币出资或任何可用货币估价的非货币财产出资构成。

估价

第8条 非货币财产估价应由发起人大会任命的三名估价师或估价公司进行,该发起人大会需要通过报刊公告召集,由一名创办人主持,第一次召集时,须有至少代表一半股本的发起人在场;第二次召集时,则不限发起人的到场数量。(参见1982年第1.978号法律)

第1款 估价师或估价公司应提交评判依据得当的估价报告,说明估价标准和采用的比较要素,并附上与被估价资产相关的文件。估价师或估价公司应出席审议估价报告的会议,并提供任何必要的信息。

第2款 如果相关发起人接受发起人大会批准的估价,该资产应并入公司财产,由首任高管履行必要的财产权转移手续。

第 3 款　如果发起人大会不批准估价,或相关发起人不接受发起人大会批准的估价,则公司设立方案失效。

第 4 款　非货币财产计入公司财产的价值,不得高于相关发起人确定的价值。

第 5 款　本条所提到的发起人大会,适用第 115 条第 1 款和第 2 款的规定。

第 6 款　估价师和相关发起人应对其在估价中因过失或故意给公司、股东或第三方造成的损害承担责任,且不妨碍依法追究刑事责任;如非货币财产为共同财产,各相关发起人应承担连带责任。

资产转让

第 9 条　除非另有明确声明,否则非货币财产应将所有权转让给公司。

发起人的责任

第 10 条　以非货币财产出资的发起人或股东的民事责任与卖方的民事责任相同。

唯一款　如果出资为债权,发起人或股东应对债务人的偿还能力负责。

第三章

股　份

第一节　数量和票面价值

章程确定

第 11 条　公司章程应规定股本所对应的股份数量,并确定是采用票面价值股还是无票面价值股。

第 1 款　在采用无票面价值股的公司中,公司章程可以设立一个或多个类别的具有票面价值的优先股。

第 2 款　公司所有股份的票面价值应相同。

第 3 款　公众股份公司股份的票面价值不得低于证监会规定的最低值。

变更

第 12 条　股份的数量和票面价值只有在以下情况下才能变更:股本价值或其货币金额进行调整时,股份拆分或合并时,或根据本法授权注销股份时。

第二节 发 行 价 格

票面价值股

第13条 禁止以低于票面价值的价格发行股份。

第1款 违反本条规定的,其行为或交易无效,追究违反者的责任,且不妨碍依法追究刑事责任。

第2款 认购人缴纳的超过票面价值的出资部分,应当计入资本储备。(第182条第1款)

无票面价值股

第14条 无票面价值股的发行价格,在公司设立时由创办人确定;在增资时,由股东会或董事会确定。(第166条、第170条第2款)

唯一款 发行价格可以确定一部分用于形成资本储备;当发行具有优先回购资本权利的优先股时,只有超过回购价值的部分才能用于形成资本储备。

第三节　股份类型和层级

股份类型

第 15 条　根据赋予持有人的权利或利益的性质,股份分为普通股、优先股或权益股。

第 1 款　普通股和优先股可以是一个或多个层级,普通股应遵守本法第 16 条、第 16 - A 条和第 110 - A 条的规定。(根据 2021 年第 14.195 号法律修订)

第 2 款　无表决权或表决权受限的优先股数量,不得超过已发行股份总数的 50%。(根据 2001 年第 10.303 号法律修订)

普通股

第 16 条　封闭股份公司的普通股可以根据以下条件,分为不同层级:

(1)可转换为优先股的;(根据 1997 年第 9.457 号法律修订)

(2)要求股东具有巴西国籍的;(根据 1997 年第 9.457 号法律修订)

(3)在选举某些管理人员职位时享有单独表决权的;(根据1997年第9.457号法律修订)

(4)按照本法第110-A条规定的限制和条件,赋予一个或多个层级股份累积投票权的。(根据2021年第14.195号法律修订)

唯一款 如果关于不同层级股份的规定,章程没有明确提及或加以规范,任何涉及这些层级股份的变更,必须经全部受影响股份持有人的同意。(根据2021年第14.195号法律修订)

第16-A条 除依照本法第110-A条的条款和条件采用累积投票权外,公众股份公司不得保留多于一个类别的普通股。(根据2021年第14.195号法律新增)

优先股

第17条 优先股的优先权或权益可以包括:(根据2001年第10.303号法律修订)

(1)分配固定或最低股利的优先权;(根据2001年第10.303号法律修订)

(2)回购股本金的优先权,无论是否存在溢价;(根据2001年第10.303号法律修订)

(3)累积第(1)项和第(2)项所述的优先权和权益。(根据2001年第10.303号法律增订)

第1款 无论是否有权获得带或不带溢价的股本金回购,无表决权或表决权受限的优先股,只有在具备以下至少一项优先权或权益的情况下,才允许在证券市场上交易:(根据2001年第10.303号法律修订)

(1)按照以下所列标准,有权分享待分配的股利,金额至少相当于根据第202条计算出的年度净利润的25%:(根据2001年第10.303号法律新增)

(a)优先获得本项所述股利,金额至少相当于每股净资产价值的3%;(根据2001年第10.303号法律增订)

(b)在普通股获得相当于(a)子项最低优先权的股利后,有权与普通股在平等条件下参与利润分配;(根据2001年第10.303号法律新增)

(2)每股优先股有权获得至少比每股普通股高10%的股利;(根据2001年第10.303号法律新增)

(3)在确保获得至少与普通股相等的股利前提下,有权根据第254-A条的规定,被纳入控制权公开转让的要约。(根据2001年第10.303号法律新增)

第2款 除本条的规定外,章程还应准确、详细地规定赋予无表决权或表决权受限的股东的其他优先权或权益。(根据2001年第10.303号法律修订)

第3款 即使在分配固定或累积股利时,也不得损害股本金,公司清算过程中明确保障优先权的情形除外。(根据2001年第10.303号法律修订)

第 4 款　除章程另有规定外,优先股利不累积,固定股利的股份不参与剩余利润的分配,最低股利的股份在普通股获得最低股利后,与普通股平等分享剩余利润。(根据 2001 年第 10.303 号法律修订)

第 5 款　除固定股利的股份外,章程不得排除或限制优先股参与利润或储备资本化的权利(第 169 条)。(根据 2001 年第 10.303 号法律修订)

第 6 款　章程可以赋予优先股优先分配累积股利,在利润不足的财政年度内,该股利来自根据第 182 条第 1 款规定的资本储备。(根据 2001 年第 10.303 号法律修订)

第 7 款　在进行私营化的公司中,可以设立由推动私营化实体独家拥有的特殊类别优先股,章程可以赋予其特定的权利,包括对股东会就特定决议事项行使否决权。(根据 2001 年第 10.303 号法律新增)

投票优势

第 18 条　公司章程可以赋予一个或多个层级的优先股,有权通过单独投票选举一名或多名管理机构成员。

唯一款　公司章程可以规定,某些特定条款的公司章程修改须经过特别股东会并由一个或多个层级优先股的股东审议批准。

章程约定

第 19 条 发行优先股的公司章程,应当载明赋予每一层级优先股的利益或优先权,及其所受到的限制,并可以规定赎回、摊销、将一类股份转换为另一类股份、转换为普通股、转换为优先股等事项,确定其各自的条件。

第四节

形式

第 20 条 股份应为记名股份。(根据 1990 年第 8.021 号法律修订)

未缴款的股份

第 21 条 除特别法另有规定的情况外,在完全缴纳发行价款之前,股份必须采用记名或背书形式。

章程的规定

第 22 条 公司章程应规定股份的形式,以及股份从一种形式转换为另一种形式的可能性。

唯一款 如果公众股份公司的普通股和封闭股份公司的至少一类普通股为无记名形式,则应由股东自由选择转换为可背书记名形式。

第五节 股份证书

签发

第 23 条 只有在公司合法运营所需的程序完成后,方可签发股份证书。

第 1 款 违反本条规定时,其证书无效,并由违反者承担责任。

第 2 款 以非货币财产出资的股份,只有在办理财产转让或债权实现的必要手续后,方可签发股份证书。

第 3 款 股东提出更换证书时,公司可以向股东收取更换费用。

要求

第 24 条 股份证书应以本国通用文字书写,并包含以下信息:

(1)公司名称、住所和经营期限；

(2)股本金额,确定股本的日期,股份总数和每股票面价值,或声明为无票面价值股；

(3)对于采取授权资本制的公司,以股份数量或股本金额表示的授权限额；

(4)各类普通股和优先股的数量(如有),赋予每一类股份的优先权或权益,以及每一类股份所受到的限制或约束；

(5)证书和股份的序号,以及所属的类型和层级；

(6)赋予收益权证的权利(如有)；

(7)年度股东会的召开时间和地点；

(8)公司成立日期及其设立文件的备案和公告日期；

(9)股东姓名;(根据1997年第9.457号法律修订)

(10)出资额未缴足时,股东所欠出资款及应支付的时间和地点;(根据1997年第9.457号法律修订)

(11)证书签发日期,两名高管或证券发行代理的签名。(第27条)(根据1997年第9.457号法律修订)

第1款　上述任何声明出现遗漏时,股东有权就由此造成的损失和损害,向公司和签发证书时在任的高管提出索赔。

第2款　根据证监会发布的规范,公众股份公司签发的股份证书可以由两名具有特别授权的实际代理人签署,或者采用机械印章进行认证。(根据2001年第10.303号法律修订)

多股股份证书和临时凭证

第 25 条 在符合第 24 条规定的情况下,公司可以发行代表多股股份证书的证书,并可临时发行代表该股份的凭证。

唯一款 公众股份公司的多股股份证书的数量应符合证监会规定的标准化数量。

息票

第 26 条 无记名股份凭证可以附有与股利或其他权利相关的息票。

唯一款 息票应载明公司名称、注册地、证券编号、股份类别和息票编号。

股份证书的发行代理机构

第 27 条 公司可以委托经证监会授权提供相关服务的金融机构,进行股份登记、保管和转让,以及股份证书签发等工作。

第 1 款 委托服务后,只有证券发行代理机构才能对股份进行登记,并签发证书。

第 2 款 发行代理机构的名称应在公司发布的公告

和公开发行证券文件中披露。

第3款　公司证券发行代理发行的股份证书应进行连续编号,但股份不强制要求进行编号。

第六节　所有权和流通

不可分割性

第28条　股份对于公司而言是不可分割的。

唯一款　当股份由多人共同拥有时,股份的相应权利应由共有人代表行使。

流通性

第29条　公众股份公司的股份只有在收到发行价30%的款项后方可进行交易。

唯一款　违反本条规定将导致行为无效。

公司买卖自身股份

第30条　公司不得买卖自身股份。

第1款　本条禁令不包括：

(a)法律规定的赎回、回购或摊销操作；

(b)为存入库存股或注销而进行的收购,前提是收购金额不得超过利润或储备金(法定储备金除外)的余额,且不得减少股本金;或通过捐赠获得的股份；

(c)对根据(b)子项规定取得并存入库存股的股份进行转让；

(d)在决定通过回购部分股份价值的方式减少股本,且股份市场价格低于或等于应回购金额的情况下进行的购买。

第2款　公众股份公司收购自身股份应遵守证监会制定的规则,否则将导致收购行为无效。证监会可针对个案,要求进行事先审批。

第3款　公司不得接受自身股份作为担保,除非是作为其管理人员的担保。

第4款　根据第1款(b)子项规定取得并存入库存股的股份,在存入期间,无权获得股利和表决权。

第5款　在第1款(d)子项的情况下,收购的股份将被永久收回,不再流通。

记名股份

第31条　记名股份的所有权,通过在"记名股份转让登记簿"上登记股东姓名或由作为股份信托所有人的托管机构

提供的证明来推定。(根据2001年第10.303号法律修订)

第1款 记名股份的转让,应在"记名股份转让登记簿"上签署转让协议,并由转让人和受让人或其合法代表签字和注明日期。

第2款 因继承、遗赠、拍卖、判决或其他司法行为,或者任何其他所有权凭证而转让的记名股份,只有在"记名股份转让登记簿"上登记后方可实现,登记时应出示有效证明文件,该证明文件将由公司保管。

第3款 转让在证券交易所购买的记名股份时,受让人应由证券经纪公司或证券交易所的清算机构所代表,无须出具委托书。

背书股份

第32条 (根据1990年第8.021号法律废止)

无记名股份

第33条 (根据1990年第8.021号法律废止)

簿记股份

第34条 公司章程可以授权或规定,公司所有股份或其中一类或多类股份,可以存放在其指定机构的账户中,以其持有人的名义登记,无须签发股份。

第1款　公司章程发生变更时,只有提交并注销流通中的相应股份,方可转换为簿记股份。

第2款　只有证监会授权的金融机构才能提供股份和其他证券的登记服务。(根据2013年第12.810号法律修订)

第3款　公司应对因簿记股份服务中的错误或违规行为给利害关系人造成的损失和损害承担责任,且不影响其最终向存托机构追偿的权利。

第35条　簿记股份的所有权,通过在存托机构账簿上以股东名义开立的股票存放账户中的登记记录来推定。

第1款　簿记股份的转让,须由存托机构在其账簿上进行登记,从转让人股票账户中扣除,并在受让人股票账户中存入,并应以转让人有效的书面指示、授权或法院命令为依据,前述文件由存托机构保管。

第2款　存托机构应根据股东的要求,在发生交易当月月底提供簿记股份存放账户的交易记录对账单,即使没有交易,也应至少每年提供一次对账单。

第3款　公司章程可以授权存托机构向股东收取簿记股份所有权转让服务的费用,但费用不得超过证监会规定的最高限额。

流通限制

第36条 封闭股份公司的公司章程可以对记名股份的流通设置限制，但应详细规定此类限制，不得阻止股份交易，也不得使股东受制于公司管理机构或多数股东的意愿。

　　唯一款　通过公司章程变更而设立的流通限制，仅适用明确同意相关限制的股份持有人，通过要求在"记名股份转让登记簿"中注明的方式来表示明确同意。

暂停服务

第37条 经通知其股份交易的证券交易所并发布公告后，公众股份公司可以暂停股份的转让、转换和拆分服务，每次暂停期限不超过15日，每年累计暂停期限不超过90日。

　　唯一款　本条规定不影响在暂停期开始前已在交易所交易的股份转让登记。

遗失或灭失

第38条 无记名股份或背书股份的证书遗失或灭失时，持有人在证明其所有权以及遗失或灭失事实的情况下，可以依照诉讼法的规定，发起注销和补发证书的程序，以获得新证书。

第 1 款　只有在持有人提供证据证明须替换的证书已损毁或无法使用的前提下,才允许注销和补发空白无记名股份或背书股份的证书。

第 2 款　在证书被找回或补发之前,转让行为可以有条件地进行登记,公司有权要求持有人提供适当的担保,以保证其最终返还股利和其他权利。

第七节　物权的设立和其他权利负担

股份质押

第 39 条　以股份进行质押或担保,应在"记名股份转让登记簿"中登记相关协议。(根据 1997 年第 9.457 号法律修订)

第 1 款　以簿记股份进行质押时,应在金融机构的簿册中登记相关协议,并在向股东提供的存放账户的对账单中进行注释。

第 2 款　在任何情况下,公司或金融机构均有权要求提供一份质押协议副本存档。

其他权利负担

第 40 条 用益权、信托、所有权转让担保以及其他可能附加于股份的条款或负担,均应进行登记:

(1)如为记名股份,应登记于"记名股份转让登记簿";

(2)如为簿记股份,应登记于金融机构的簿册,并由金融机构在向股东提供的存放账户对账单中进行注释。(根据1997 年第 9.457 号法律修订)

唯一款 根据本条规定进行登记后,股份的出售承诺和优先购买权可对抗第三人。

第八节

流通股的托管

第 41 条 经证监会授权提供流通股托管服务的机构,可以签订托管协议,根据该协议,公司每一类型和层级的股份均作为流通股存入,托管机构取得股份的信托所有权。(根据2001 年第 10.303 号法律修订)

第 1 款 托管机构不得处置股份,有义务将收到的股份如数返还给存入方,并根据公司资本金或股份数量

的变化进行调整,无论股份的序号或存入凭证的编号如何。(根据2001年第10.303号法律修订)

第2款　本条规定同样可以适用于其他证券。(根据2001年第10.303号法律新增)

第3款　托管机构有义务将以下事项通知股份发行公司:(根据2001年第10.303号法律新增)

(1)发生任何需要确认股东信息的公司事件时,须及时通知股份发行公司的实际股东;(根据2001年第10.303号法律新增)

(2)在股份托管协议签订以及对股份设立任何负担或限制情况出现的10日内,通知相关情况。(根据2001年第10.303号法律新增)

第4款　流通股托管中的股份所有权,由股份所有人与托管机构签订的协议证明。(根据2001年第10.303号法律新增)

第5款　托管机构负有托管人的义务,并因其违反义务的行为对股东和第三方承担责任。(根据2001年第10.303号法律新增)

代表和责任

第42条　根据第41条的规定,金融机构代表接收托管的股份持有人,从公司收取股利和红利股,并行使认购股份的优先权。

第1款 在分配股利或红利股时,无论何种情况,金融机构应至少每年一次向公司提供根据本条规定接收股份的存入方名单,以及每个存入方的股份数量。(根据1997年第9.457号法律修订)

第2款 存入方可以随时终止托管并要求退还其股份证书。

第3款 公司不因股份存托机构的行为向股东或第三方承担责任。

第九节 股份存托凭证

第43条 经授权担任凭证发行代理的金融机构(第27条)可以发行代表其接收存托股份的凭证,该凭证应载明:(根据1997年第9.457号法律修订)

(1)发行地点和日期;

(2)发行机构名称及其代表签字;

(3)"股份存托凭证"的名称;

(4)存放股份的具体说明;

(5)声明存放的股份、股份收益以及在赎回或摊销情况下收到的款项,且只能在出示股份存托凭证的情况下交付给凭证持有人;

(6)存托人的姓名和身份信息;

(7)在交付存托股份时需要支付费用的,列明银行收取的存放费用;

(8)存托股份交付地点。

第1款　金融机构对股份存托凭证的来源和真实性负责。

第2款　股份存托凭证一经签发,存托的股份、股份收益、赎回价值或摊销价值,不得作为质押、扣押、查封、搜查或没收的对象,或具有任何其他妨碍股份存托凭证交付给凭证持有人的障碍,但凭证本身可以因其持有人的义务而成为质押或任何其他保全措施的对象。

第3款　股份存托凭证应记名,并可通过簿记系统进行管理。(根据1997年第9.457号法律修订)

第4款　股份存托凭证可根据持有人的要求进行拆分或合并,并由持有人承担费用。

第5款　凭证的背书适用票据背书的相关规定。

第十节　赎回、收益摊销和异议股份回购

赎回和收益摊销

第44条　公司章程或特别股东会可以授权使用利润或

储备金对股份进行赎回或收益摊销,并确定执行的操作条件和程序。

第1款 赎回是指通过支付股份对应的价值,让股份永久性地退出流通环节。这一操作可能导致股本减少,也可能不会对股本产生影响。保持股本不变的,应当在必要时对剩余股份赋予新的票面价值。

第2款 收益摊销是指在不减少股本的情况下,将公司清算时可能分配给股东的款项提前向其进行分配。

第3款 收益摊销可以涵盖所有层级的股份,也可以只涵盖其中一类。

第4款 未涵盖同一层级所有股份的赎回和收益摊销,应当通过抽签方式进行;如果抽到根据第41条规定进行托管的股份,金融机构应当按比例确定赎回或收益摊销的股份,除非托管协议另有规定。

第5款 全部摊销的股份可以替换为受益股,但须遵守公司章程或审议摊销事项的股东会规定的限制;在任何情况下,如果公司进行清算,收益摊销的股份只有在确保未摊销股份获得与其摊销价值相等的金额(根据相关指数重新估值)后,才能参与剩余资产的分配。

第6款 除公司章程另有规定外,只有经审议该特定事项的特别股东会批准,才能赎回一类或多类股份,且批准该事项的股东所持有的股份至少应占受影响层级股份的一半。(根据2001年第10.303号法律新增)

异议股份回购

第 45 条 异议股份回购是指在法律规定的情况下,公司向不同意股东会决议的股东支付其股份价值的操作。

第 1 款 公司章程可以制定规则来确定异议股份回购价值,但是,只有根据公司评估确认的经济价值(第 3 款和第 4 款)来确定回购价值时,该价值才能低于股东会批准的最近一份资产负债表(遵守第 2 款规定)中记载的净资产价值。(根据 1997 年第 9.457 号法律修订)

第 2 款 如果股东会的决议是在最近一次批准的资产负债表的日期后超过 60 日做出的,异议股东在要求回购股份的同时,可要求编制该期限内(资产负债表日到股东会决议日)的特别资产负债表。在这种情况下,公司应及时支付根据最新资产负债表计算的回购价值的 80%,并在编制特别资产负债表后,在股东会决议日起 120 日内支付余额。

第 3 款 如果公司章程规定在回购时须对股份进行评估,股份价值应由 3 名专家或专业公司以评估报告的形式确定,评估报告应符合第 8 条第 1 款的要求,并承担该条第 6 款规定的责任。(根据 1997 年第 9.457 号法律修订)

第 4 款 专家或专业公司应分别由董事会或高管会

(如果没有董事会)列出一个6人或3家公司的推荐名单,并由股东会代表过半数表决权的股东,通过决议选出,投票时不计算空白票,每股股份,不论其层级或类别,均享有一票表决权。(根据1997年第9.457号法律修订)

第5款 回购价值可以用利润或储备金(法定储备金除外)支付,在这种情况下,回购的股份应存入库存股。(根据1997年第9.457号法律修订)

第6款 如果在股东会纪要公告之日起120日内,公司未能找到新的股东替换那些已经用股本金回购股份的股东,则应视为股本减少了相应的金额,管理机构应在5日内召集股东会,以通报该股本减少的情况。(根据1997年第9.457号法律修订)

第7款 如果公司破产,因股份回购而成为债权人的异议股东应在单独的表格中列为普通债权人,其应得的分配额应用于支付在股东会纪要公告日期前产生的债权。以这种方式分配给较早债权的款项,不应从前股东的债权中扣除,这些债权应在支付了较早债权款项后,由破产财产全额偿还。(根据1997年第9.457号法律新增)

第8款 如果发生破产时,已经用股本金对前股东进行了股份回购,而这些股东尚未被注销,并且破产财产不足以支付较早的债权时,可以发起追偿行为,要求返还因回购而减少的股本金,以偿还该部分债务的剩余部分。所有已回购股份的股东应按相同比例进行返还。(根据1997年第9.457号法律新增)

第四章

收 益 权 证

特征

第 46 条 公司可以随时发行没有面值且与股本无关的可转让证券,称为"收益权证"。

　　第 1 款　收益权证将赋予其持有人对公司的或有债权,具体表现为参与公司年度利润的分配。(第 190 条)

　　第 2 款　分配给收益权证的年度分红权利,包括转入赎回储备金的部分(如有),但不得超过利润的 1/10。

　　第 3 款　禁止赋予收益权证任何股东专有权利,但根据本法条款监督管理人行为的权利除外。

　　第 4 款　禁止设立多个层级或系列的收益权证。

发行

第 47 条　收益权证可以由公司按照章程或股东会确定的条件出售,或作为向公司提供服务的报酬,分配给创始人、股东或第三方。

唯一款　禁止公众股份公司发行收益权证。（根据2001年第10.303号法律修订）

赎回与转股

第48条　公司章程将规定收益权证的存续期限。如果公司章程涉及赎回相关规定，必须为此目的设立特别储备金。

第1款　除分配给公司或员工福利基金的收益权证外，免费分配的收益权证的存续期限不得超过10年。

第2款　公司章程可以规定将收益权证转换为股份，通过为此目的设立的特别储备金实现。

第3款　公司清算时，在清偿完流动性负债后，收益权证持有人有权优先受偿剩余资产，以特别储备金的金额为限。

证书

第49条　收益权证的证书应包含：
(1)"收益权证"名称；
(2)公司名称、住所和存续期限；
(3)股本、设定股本的决议日期以及划分股份数量；
(4)公司设立的收益权证数量以及各自的编号；

(5)公司章程赋予收益权证的权利、存续期限和赎回条件(如有);

(6)公司成立日期及其设立文件的备案和公告日期;

(7)受益人姓名;(根据1997年第9.457号法律修订)

(8)证书签发日期和两名高管签名。(根据1997年第9.457号法律修订)

形式、所有权、流通和权利负担

第50条 收益权证采用记名形式,可以适用第三章第五节至第七节的规定。(根据1997年第9.457号法律修订)

(1)收益权证将在公司自行保管的账簿中进行登记。(根据1997年第9.457号法律修订)

(2)经签发证书后,根据第43条的规定,收益权证可以被存托。

权利的变更

第51条 如果更改公司章程导致赋予收益权证的权利发生变更或削减,则只有在特别股东会上获得至少半数收益权证持有人表决通过,相关决议才能生效。

(1)按照召集股东会的要求,会议应至少提前一个月通过媒体召集。如果2(两)次召集会议,均因出席人数不足而未召集成功,则只有6个月后才能再次召集会议。

(2)每一份收益权证均享有一票表决权,公司不得以其持有的库存证券进行投票。

(3)收益权证可以签发给其持有人指定的信托代理人,但须遵守第66条至第71条的规定(如适用)。

第五章

债　券

特征

第52条 公司可以发行债券,根据债券发行书和证书（如适用）中规定的条件,授予持有人公司的债权。（根据2001年第10.303号法律修订）

第一节　债券持有人的权利

发行

第53条 公司可以分多期发行债券,每期发行可以分为多个系列。

　　唯一款　同一系列的债券应具有相同的面值,并授予持有人相同的权利。

面值

第54条 债券的面值应以本国货币表示,但根据现行法律条款,债券须以外币支付的情况除外。

第1款 债券可包含货币调整条款,政府债券指数、汇率波动或法律未明确禁止的货币调整参数均可作为定价基准。(根据2001年第10.303号法律修订)

第2款 在债券到期日、摊销日或赎回日,债券发行书可保证债券持有人收回本金和其他应收债项的权利,支付方式可以是货币或按照第8条规定估价的资产。(根据2001年第10.303号法律新增)

到期、摊销和赎回

第55条 债券的到期日必须在债券发行书和证书中载明,公司可以约定各系列发行债券的部分摊销,设立摊销偿债基金,并保留提前赎回同一系列部分或全部债券的权利。

第1款 同系列债券的偿付必须采用分批方式进行。(根据2011年第12.431号法律修订)

第2款 同系列债券的部分赎回必须按以下两种方式中的一种进行:(根据2011年第12.431号法律修订)

(1)抽签;(根据2011年第12.431号法律新增)

（2）如果债券在规范的证券交易市场报出的定价低于面值，则必须符合证监会颁布的规则。（根据2011年第12.431号法律新增）

第3款 公司有权按以下价格收购其发行的债券：（根据2011年第12.431号法律修订）

（1）收购价等于或小于面值：这一事实必须在管理层报告和财务报表中披露；（根据2011年第12.431号法律新增）

（2）收购价大于面值：只要符合证监会颁布的规则即可。（根据2011年第12.431号法律新增）

第4款 公司可以将未履行支付利息义务、公司解散等情形作为债券的到期条件，在债券条款中规定。（根据2011年第12.431号法律新增）

利息和其他权利

第56条 债券可以向其持有人承诺支付固定或浮动利息、参与公司利润分配和溢价赎回。

转股

第57条 债券可以根据债券发行书规定的条件转换为股份，债券发行书包括以下内容：

（1）转换基数：如单位债券可转换股份数量，或债券面值与股份发行价格之间的比值；

（2）转换后股份的类型和层级；

（3）行使转换权的期限或时间；

（4）转换应遵守的其他条件。

第1款 股东有权优先认购附有转股条款的债券，但须遵守第171条和第172条的规定。

第2款 一旦进入转股行权期，债券持有人或其信托代理人必须在特别股东会上获得事先批准，才可就以下事项更改公司章程：

（a）更改公司宗旨；

（b）设立优先股或修改现有优先股足以影响债券转换后股份价值的权利。

第二节 债券类型

第58条 债券按照债券发行书的规定，可以设置实物担保或者浮动担保，但不享有优先受偿权，也不在其他债权人受偿顺位后。

第1款 浮动担保即以公司整体资产担保债券，但不影响这些资产交易。

第2款 担保可以累积设定。

第 3 款　新发行的浮动担保债券受偿顺位先于当期或前期发行的债券,优先权由决定该期发行公司行为的登记备案日期确定,同一期发行的各系列债券公平受偿。(根据 2023 年第 14.711 号法律修订)

第 4 款　不享有担保的债券可设置劣后于普通债权人受偿的条款,在公司清算时仅优先于可获得剩余资产(如有)分配的股东。

第 5 款　如果债券发行书规定公司不得出售或抵押不动产或其他产权,经主管部门登记,则可以对抗第三人。

第 6 款　集团(第 265 条)下属公司发行的债券可以用该集团中两家或两家以上公司的资产作为浮动担保。

第三节　设立和发行

权限

第 59 条　股东会全权负责审议债券发行,股东会必须根据公司章程确定以下内容:

(1)发行价值或发行限额的确定标准,以及划分的系列(如适用);

(2)债券的数量和面值;

(3)实物担保或浮动担保(如有);

(4)债券的货币调整条件(如有);

(5)是否可以转换为股份以及转换时应遵守的条件;

(6)到期、摊销或赎回的时间和条件;

(7)支付利息、利润分红和溢价赎回金额(如有)的时间和条件;

(8)认购或配售方式以及债券类型;(根据2023年第14.711号法律修订)

(9)债券面值、利息和其他授予持有人的权利。(根据2023年第14.711号法律新增)

第1款　董事会或高管会可以决定发行不可转换为股份的债券,但公司章程有相反规定的情况除外。(根据2023年第14.711号法律修订)

第2款　公众股份公司章程可以授权董事会在授权资本限额内决定可转股债券的发行,并规定因债转股导致股本增加的限额,说明转股后的股本或股份数,以及可能发行的股份的类型和层级。(根据2011年第12.431号法律修订)

第3款　公司管理机构可以在其规定的限额内决定该期发行债券的价值和系列。(根据2023年第14.711号法律修订)

第4款　如不属于第1款和第2款所述情况,股东会可以委托董事会就本条第6项至第8项所述的发行条

件和发行时机做出决定。(根据 2011 年第 12.431 号法律修订)

第 5 款　证监会有权规范本条第 9 项相关内容。(根据 2023 年第 14.711 号法律新增)

发行限额

第 60 条　(根据 2011 年第 12.431 号法律废止)

债券发行书

第 61 条　公司应当在债券发行书中载明债券所赋予的权利、担保以及其他条款或条件。

第 1 款　对于通过公共契约或私人契约发行或获准在市场上交易的债券,债券发行书的制定必须有债券持有人的信托代理人参与。(第 66 条至第 70 条)

第 2 款　对于同一期的新增系列债券,都应在相应发行书中补充相关条款。

第 3 款　对于拟在证券交易所或场外市场交易的债券,证监会可以批准债券发行书中应包含的标准条款和要求,如不符合上述标准,可以拒绝其市场准入。

登记

第 62 条 债券发行需要满足以下条件:(根据2001年第10.303号法律修订)

(1)已向工商局提交审议本法第59条中所述债券发行的决议,并按以下形式对外公告:(根据2001年第10.303号法律修订)

(a)对于公众股份公司,参照本条第5款所述形式;(根据2023年第14.711号法律新增)

(b)对于封闭股份公司,参照本条第6款所述形式。(根据2023年第14.711号法律新增)

(2)(已废止)。(根据2023年第14.711号法律修订)

(3)设立实物担保(如适用)。

第1款 因违反本条规定而给公司或第三方造成损失和损害的,公司管理人员承担相应责任。

第2款 信托代理人和债券持有人可以推动本条所述登记要求,并纠正公司管理人员所进行的备案或登记中存在的漏洞和违规行为,在这种情况下,登记人员将通知公司的管理人员以便向其提供必要的信息和文件。(根据2023年第14.711号法律修订)

第3款 (已废止)。(根据2023年第14.711号法律修订)

第 4 款　（已废止）。（根据 2023 年第 14.711 号法律修订）

第 5 款　证监会应规范本条第(1)项(a)子项所述债券发行书以及公开发行或获准交易的债券发行书及其补充条款的登记和披露。（根据 2023 年第 14.711 号法律新增）

第 6 款　政府行政权力机关应规范本条第(1)项(b)子项所述决议以及封闭股份公司债券的债券发行书及其补充条款的登记和披露。（根据 2023 年第 14.711 号法律新增）

第四节　形式、所有权、流通和权利负担

第 63 条　债券为记名债券,可适用第三章第五节至第七节的规定。（根据 1997 年第 9.457 号法律修订）

第 1 款　根据第 43 条的规定,债券可以在签发证书的情况下被存托。（根据 2001 年第 10.303 号法律修订）

第 2 款　债券发行书可以规定,债券以持有人的名义保存在其指定机构的托管账户中,无须颁发证书,可适用第 41 条的规定。（根据 2001 年第 10.303 号法律新增）

第五节 证 书

要求

第64条 债券证书应包含：

(1) 公司名称、住所和存续期限；

(2) 公司成立日期以及公司设立文件的备案和公告日期；

(3) 决定该期债券发行的股东会纪要公告日期；

(4) 登记该期债券发行的登记处和日期；

(5) "债券"名称及其类型的说明，使用"实物担保"、"浮动担保"、"无优先权"或"次级债"等字样；

(6) 债券发行期和系列；

(7) 证书编号；

(8) 面值和货币调整条款(如有)、到期条件、摊销、赎回、利息、利润分配或溢价赎回金额，以及债务存续期；

(9) 转股(如适用)；

(10) 债券持有人姓名；(根据1997年第9.457号法律修订)

(11) 债券持有人指定信托代理人的姓名(如有)；(根据1997年第9.457号法律修订)

(12) 证书颁发日期及公司两名高管签名；(根据1997年

第9.457号法律修订)

(13)信托代理人的认证(如适用)。(根据1997年第9.457号法律修订)

多份债券汇总凭证和临时凭证

第65条　公司可以发行多份证券汇总凭证或发行符合第64条规定的临时凭证。

第1款　公众股份公司的多份债券汇总凭证应符合证监会规定的数量标准。

第2款　在指定信托代理人的债券发行书中,证书可以按规定的条件更换、拆分或合并。

第六节　债券持有人指定的信托代理人

要求和回避原则

第66条　信托代理人被指定后必须接受债券发行书中所述的职责。

第1款　只有公司管理机构和经巴西中央银行特许的以管理或保管第三方资产为宗旨的金融机构中符合任职要求的自然人,才能被指定为信托代理人。

第 2 款　如发行在市场上交易的债券,证监会可以规定,单个信托代理人或多个信托代理中之一应是金融机构。

第 3 款　以下人员或机构不能成为信托代理人:

(a)已在同一家公司的另一次债券发行中履行该职能的人,但根据证监会已发布规则的规定而获得授权的情况除外;(根据 2011 年第 12.431 号法律修订)

(b)与发行公司相关联或与认购该期发行债券并在市场上分销的实体相关联的金融机构及其控制的任何公司;

(c)发行公司或其控制的公司的所有类型的债权人;

(d)其管理人员是发行公司利益相关方的金融机构;

(e)履职过程中因任何其他原因涉及利益冲突的人。

第 4 款　由于发行后的情况而无法继续履职的信托代理人必须及时向债券持有人通报这一情况并要求更换。

信托代理人更换、报酬和监督

第 67 条　债券发行书将根据证监会规定明确信托代理人的更换和报酬条件。

唯一款　对于在市场上分销的债券或者在证券交易

所或场外市场交易的债券,证监会将监督其信托代理人的履职情况,并且有权采取以下措施:

(a)在职位空缺的情况下任命临时替代者;

(b)对信托代理人予以停职,并在其不能履行职责时指定代替人选。

权责

第68条 根据本法和债券发行书的相关规定,信托代理人在发行前代表债券持有人。

第1款 信托代理人的职责是:

(a)保护债券持有人的权益,以一个积极和诚实的人在管理自己资产时所应具备的勤勉尽责程度行事;

(b)编制年度报告,并在公司会计年度结束后的4个月内报送债券持有人,通报当年发生的与公司履行义务有关的重要事项、债券的担保资产以及摊销基金的设立和使用(如有),报告还应包含代理人关于其继续履职的能力的声明;

(c)如公司违反债券发行书中承担的义务,应在60日内将该情况通报债券持有人。(根据2001年第10.303号法律修订)

第2款 债券发行书将对履行上一款(b)子项和(c)子项所述职责的方式做出规定。

第 3 款　信托代理人可以采取任何行动来保护债券持有人的权益,在公司违约的情况下,有权采取以下特别措施:

(a)根据债券发行书的条件,声明债券提前到期并催收本金和其他债项;

(b)执行实物担保,接收标的物并将其全部或部分用于偿还债券持有人;

(c)如无实物担保,则申请发行公司破产;

(d)代表债券持有人参与发行公司的破产、接管、干预或司法清算程序,但债券持有人大会另有决定的情况除外;

(e)采取任何必要措施清偿债券持有人。

第 4 款　如信托代理人在其履行职责过程中因过失或故意不当行为给债券持有人造成损失,则应承担相应责任。

第 5 款　信托代理人为维护债券持有人的权益或清偿债券持有人而发生的费用,将被添加到发行公司的债务中,享受与债券相同的担保,并在清偿顺位中优先于债券。

第 6 款　债券发行书中限制本条所述信托代理人权责的条款将被视为无效。

其他职能

第69条 债券发行书还可以委托信托代理人行使认证债券证书、管理摊销基金、保管质押资产以及支付利息、摊销和赎回金额等职能。

担保的更换和发行书的修改

第70条 如债券发行书中允许更换担保物,则更换将取决于信托代理人是否同意。

唯一款 信托代理人无权同意修改债券发行的条款和条件。

第七节 债券持有人大会

第71条 同一期或同一系列债券的持有人可以随时召开会议,审议与债券持有人共同利益相关的事项。

第1款 债券持有人大会可由信托代理人、发行公司、代表流通债券至少10%的债券持有人以及证监会召集。

第2款 本法关于股东会的规定适用于债券持有人

大会。

第3款 第一次召开会议时,代表至少一半流通债券的债券持有人应出席,第二次召开时,出席人数不限。

第4款 信托代理人必须出席会议并向债券持有人提供所要求的信息。

第5款 债券发行书应确定必要多数标准(不得少于流通债券的一半),以批准变更债券条件。

第6款 对于会议的决议事项,各债券均享有一票表决权。

第7款 审议本法第59条第9项所述事项时,票数按照持有人所拥有的经济权利的比例计算。(根据2023年第14.711号法律新增)

第8款 对于公众股份公司的债券,如债券的所有权分散于市场,证监会可以批准减少本条第5款所述的最低决议比例。(根据2023年第14.711号法律新增)

第9款 在本条第8款所述情形中,会议召集通知中应提及证监会批准减少最低决议比例,并且只有在第三次召集时,会议才能以减少的最低决议比例审议事项。(根据2023年第14.711号法律新增)

第10款 就本条第8款的规定而言,如没有任何债券持有人直接或间接持有超过一半的债券时,债券的所有权被视为分散。(根据2023年第14.711号法律新增)

第八节 债券票据

（根据1997年第9.457号法律修订）

第72条 巴西中央银行授权开展此类业务的金融机构可以发行以债券为基础的票据，并提供担保，按票据中约定的票面价值和利息，授予持有人公司债券。（根据1997年第9.457号法律修订）

第1款 票据应为记名票据，无论是采取书面还是非书面形式。（根据1997年第9.457号法律修订）

第2款 票据证书应包含以下信息：

(a) 发证金融机构名称及其代表签名；

(b) 证书编号、签发地点和日期；

(c) "债券票据"名称；（根据1997年第9.457号法律修订）

(d) 票面价值和到期日；

(e) 固定或浮动利息，以及利息支付时间；

(f) 本金和利息的支付地点；

(g) 以债券为基础的票据价值和担保的认定情况；（根据1997年第9.457号法律修订）

(h) 债券持有人的信托代理人的姓名；

(i) 货币调整条款（如有）；

(j)持有人姓名。(根据 1997 年第 9.457 号法律修订)

第九节　境外发行债券

第 73 条　只有经巴西中央银行事前批准,巴西公司才可在境外发行以境内资产提供实物或浮动担保的债券。

第 1 款　对于在巴西境内经营的外国公司在境外发行债券,如债权人的合同义务在巴西境内,则享有优先受偿权。若该发行事前已获得巴西中央银行的批准且其产品应用于巴西境内机构,则不享有优先受偿权。

第 2 款　在任何情况下,只有在巴西中央银行登记的债券的本金和利息可以汇往国外。

第 3 款　在国外发行债券也应符合本法第 62 条规定的要求,在公司网站上披露所在国家/地区的法律要求的文件,如果文件不是以葡萄牙语书写,则必须附有简要翻译。(根据 2023 年第 14.711 号法律修订)

第 4 款　在巴西资本市场上交易境外发行的债券,须获得证监会的事前批准。

第十节 终止发行

第74条 发行公司应在自有账簿中记录有关债券终止发行的情况,同债券终止发行相关文件、已注销证书或无证债券账户持有人的收据一并保存5年。

第1款 如果债券经由信托代理人发行,则信托代理人有责任监督证书的注销。

第2款 因违反本条规定而造成损失和损害的,公司管理人员承担连带责任。

第六章

认 股 权 证

特征

第75条 公司可以在章程规定的增资限额内(第168条),发行名为"认股权证"的可交易证券。

唯一款 认股权证将授予持有人根据证书中规定的条件认购股本中的股份的权利,该权利通过向公司出示证券并支付股份发行价款行使。

权限

第76条 如果公司章程未授权董事会审议,则由股东会审议认股权证的发行。

发行

第77条 公司可以出售认股权证,或者将其作为额外的权益,分配给其股份或债券的认购者。

唯一款　根据第 171 条和第 172 条的规定,公司股东享有优先认购的权利。

形式、所有权和流通

第 78 条　认股权证应采用记名形式。(根据 1997 年第 9.457 号法律修订)

唯一款　第三章第五节至第七节的规定可适用于认股权证。

证书

第 79 条　认股权证证书应当载明下列内容:
(1)第 24 条第(1)项至第(4)项所述内容;
(2)"认股权证"名称;
(3)证书编号;
(4)可认购的股份数量、种类和层级、发行价格或定价标准;
(5)可行使认购权的时间和截止日;
(6)持有人姓名;(根据 1997 年第 9.457 号法律修订)
(7)证书颁发日期及公司两名高管签字。(根据 1997 年第 9.457 号法律修订)

第七章

公 司 设 立

第一节

初步要求

第 80 条 公司的设立应满足以下要求:

(1)由至少两人认购公司章程所规定的所有股份;

(2)以现金形式缴足至少股份认购款的 10%,作为认购股份的出资款;

(3)将现金缴纳的股份认购款存入巴西银行(Banco do Brasil S/A.)或证监会授权的其他银行机构。

唯一款 第(2)项的规定不适用于法律要求初始实缴资本比例更高的公司。

出资款

第 81 条 第 80 条第(3)项中所述款项,必须由创始人在收到款项后 5 日内,以认购人的名义缴存。设立中的公司为存款受益人,但只有在取得法人资格后才能提取款项。

唯一款　如果公司自缴存之日起 6 个月内仍未成立,则银行直接将存入款项退还认购人。

第二节　公开募股设立公司

发行登记

第 82 条　通过公开募股设立公司须事先向证监会登记,且认购只能通过金融机构进行。

第 1 款　股份发行登记申请应符合证监会发布的规则,并附有:

(a)企业的经济和财务可行性研究;

(b)公司章程草案;

(c)招股说明书,由创始人和金融机构签署。

第 2 款　作为公司设立登记的条件,证监会可以要求变更公司章程或招股说明书,并以企业设立仓促不可行或创始人不合适为由拒绝登记。

公司章程草案

第 83 条　公司章程草案必须满足一般商业公司合同的

所有要求以及针对公司的特定要求,其中还应包含公司治理的规定。

招股说明书

第 84 条 招股说明书必须准确、清晰说明公司的设立基础以及企业预期取得成功的依据,特别是以下信息:

(1)拟公开募股的股本价值、缴纳方式以及是否存在未来增资的授权;

(2)非货币财产认购的股本部分、非货币财产的明细以及创始人对其认定的价值;

(3)划分股本后的股份数量、类型和层级;股份面值及股份发行价格;

(4)初次实缴金额;

(5)创始人承担的责任、为公司未来利益而签订的合同以及已经支出和即将支出的筹办费用;

(6)创始人或第三方将享有的特殊权益,以及公司章程草案规范该特权的规定;

(7)政府对设立公司的批复(如必要);

(8)认购的起始和截止日期以及获准收取出资款的机构;

(9)超额认购情况下的解决方案;

(10)公司成立大会的召开期限,或评估资产的初步会议的召开期限(如适用);

(11) 创始人的姓名、国籍、婚姻状况、职业和居住地,如果是法人实体,则为公司名称、国籍和注册地,以及各投资者可认购股份的数量和类型;

(12) 进行公开募股的金融机构,将保留招股说明书和公司章程草案的原件及其中所提及的文件,以供各利益相关方检查。

认购清单、公告和出资款

第85条 以现金认购股份时,认购人应当缴纳出资款,并签署经收取出资款的授权机构验证的认购清单和公告,按姓名、国籍、居住地、婚姻状况、职业和身份证件认定资格,如果是法人实体,则按公司名称、国籍和注册地认定资格,并且必须注明认购股份的数量、类型和层级(如果有多于一个层级),以及总出资款。

第1款 认购可以根据招股说明书规定的条件,通过致函该机构的方式进行,并附上本条所述的签字文件和出资款。(根据2019年第13.874号法律新增)

第2款 若通过由证券市场监管机构管理的系统公开募股并进行结算,则可免除本条所述清单或认购公告。(根据2019年第13.874号法律新增)

股东会召集

第86条 认购结束且股本全部认购完毕后,创始人应召开股东会,且股东会需要进行以下事项:

(1)推进资产评估事项(如适用)(第8条);

(2)审议公司设立。

唯一款　召集通知中应包含会议召开日期、时间和地点,并刊登在之前发布公开募股信息的报纸上。

公司成立大会

第87条　第一次召开公司成立大会时,须有代表至少一半股本的认股人出席,第二次召开时,出席人数不限。

第1款　由公司创始人之一担任会议主持,一位认购人担任会议秘书,会上将宣读第80条第(3)项中所述的缴存收据,并对公司章程草案进行讨论和表决。

第2款　各股份无论其类型或层级,均享有一票表决权;简单多数票无权变更公司章程草案。

第3款　如果经核实已落实法律手续,并且代表至少一半股本的认购人未提出反对,则会议主持宣布公司成立,随后将选举管理人员和财委会成员。

第4款　会议纪要一式两份,经大会宣读并批准后,由出席会议的所有认购人签署,或由足以保证审议有效性的认购人签署;一份会议纪要由公司保管,另一份将用于工商注册登记。

第三节 认购人发起设立公司

第88条 公司的设立可以通过认购人在股东会上审议或签署公开契约的形式设立,所有认购人均被视为创始人。

第1款 如果选择的形式是股东会,则应遵守第86条和第87条的规定,向股东会提交公司章程草案(一式两份,由所有资本认购人签署),以及所有股份的认购清单或公告。

第2款 如果选择公开契约的方式,则该契约将由所有认购人签署,并包含以下内容:

(a)第85条所述认购人资格认定;

(b)公司章程;

(c)认购人取得股份比例与缴纳出资款金额;

(d)第80条第(3)项所述的缴存收据的复印件;

(e)如非货币财产认购股本,则附专家评估报告的复印件(第8条);

(f)第一任管理人员和财委会成员(如适用)的任命。

第四节 一般规定

第89条 如果以不动产出资,则无须签署公开契约。

第90条 认购人可以特别委托代理人参加股东会或签署公开契约。

第91条 设立过程中的公司章程和公告,必须在公司名称中加入"筹办"的字样。

第92条 如果通过公开募股的方式参与公司设立,因违反法律规定造成损失的,则发起人和金融机构在各自职权范围内承担责任。

  唯一款　公司成立前因过失或故意不当行为造成损失的,创始人承担连带责任。

第93条 创始人应向第一任管理人员交付与公司设立有关的或属于公司的所有文件、账簿或票据。

第八章

公司设立的完备手续

备案和公告

第94条 公司设立文件未经备案和公告,公司不得开展经营活动。

股东会设立公司

第95条 如果公司是经股东会决议设立,则必须在其住所地的工商局登记备案以下材料:

(1)由所有认购人签署的公司章程(第88条第1款),或创始人签署的公司章程和招股说明书原件,以及发布这些内容的报纸(如果通过公开募股方式设立公司);

(2)经创始人或股东会主席确认的股本认购人的完整名单,包括各个认购人的资格认定、股份数量和出资总额(第85条);

(3)第80条第(3)项所述的缴存收据;

(4)非货币财产评估会议纪要(第8条)(如适用);

(5)认购人决定设立公司的股东会会议纪要。(第87条)

公开契约设立公司

第96条　如果公司是通过公开契约设立,则将契约证明材料备案即可。

工商登记

第97条　工商局负责审查公司设立是否遵守法律规定,以及公司章程中是否存在违反法律法规、公序良俗的条款。

第1款　如果公司设立不遵守法律规定或要求,或者设立过程中存在违规行为而导致备案失败,第一任管理人员必须及时召开股东会以整改缺陷或违规行为,或者授权采取必要的措施。会议的设立及运作,应符合第87条的规定,并须由代表至少一半股本的股东做出决议。如果是公司章程存在缺陷,可以在同一次会议上予以纠正,会议还应决定公司是否追究创始人的民事责任。(第92条)

第2款　凭会议纪要以及缺陷或违规行为已得到整改的证据,工商局可将公司的设立文件进行备案。

第 3 款　根据章程规定,设立分支机构、子公司或办事处应在工商局登记备案。

公告和产权转让

第 98 条　公司设立有关的文件备案后,其管理人员将在随后的 30 日内安排在其住所的官方机构公告上述文件以及备案证明书。

第 1 款　官方机构开具一份副本,副本须在工商局登记备案。

第 2 款　如认购人以非货币财产出资入股,负责备案的工商局开具的公司组织章程的证明书,经主管登记部门作产权变更登记后,将作为产权转让的有效证明文件。(第 8 条第 2 款)

第 3 款　批准非货币财产出资的股东会纪要,必须准确识别资产,可以对其进行简要描述,但须附上一份由认购人签署的声明,其中包含在登记部门作变更登记所需的所有要素。

第一任管理人员责任

第 99 条　因迟延办理公司设立完备手续而造成损失的,第一任管理人员承担连带责任。

唯一款　公司不对第一任管理人员在完成设立手续之前的行为承担责任,但股东会可以决定由公司承担相关责任。

第九章

簿册

第 100 条 除所有工商企业应保存的法定簿册外,公司还须保存以下簿册,并履行相同的法律手续:

(1)记名股份登记簿,用于登记或附注以下内容:(根据 1997 年第 9.457 号法律修订)

(a)股东名称及其股份数量;

(b)实收资本或分期缴纳出资款;

(c)股份类型和层级转换;(根据 1997 年第 9.457 号法律修订)

(d)股份赎回、回购和摊销,或公司购买;

(e)出售或转让股份导致的变动;

(f)质押、用益权、信托、所有权转让担保以及任何阻碍股份交易的权利负担。

(2)"记名股份转让登记簿",用于记录转让条款,转让条款必须由转让人和受让人或其合法代表签署。

(3)"记名收益权证登记簿"和"记名收益权证转让登记

簿"(如果已发行),在适当情况下遵守本条第(1)项和第(2)项的规定。

(4)股东会纪要。(根据1997年第9.457号法律修订)

(5)股东签到记录。(根据1997年第9.457号法律修订)

(6)董事会会议纪要(如有)及高管会会议纪要。(根据1997年第9.457号法律修订)

(7)财委会会议纪要和意见书。(根据1997年第9.457号法律修订)

第1款 只要是出于保护个人、股东或证券市场权益的目的,公司可向当事人提供第(1)项至第(3)项中所述簿册涉及的结算证明,并可为此收取服务费用。如果公司拒绝提供,则当事人可向证监会提出申诉。(根据1997年第9.457号法律修订)

第2款 在公众股份公司中,根据证监会发布规定,本条第(1)项至第(5)项所述簿册,可以用机械化或电子化簿册代替。(根据2011年第12.431号法律修订)

第3款 在封闭股份公司中,本条第(1)项、第(2)项、第(3)项、第(4)项和第(5)项所述簿册,可以按规定用机械化或电子化簿册代替。(根据2021年第14.195号新增)

发行代理账簿

第101条 股份证书的发行代理机构(第27条)可以将第100条第(1)项至第(3)项所述簿册更换为自有账簿,通过证监会批准的适当系统保存股份、收益权证、债券和认股权证的所有权记录,并且每年必须准备一份持有人名单,其中载明各自持有证券数量,并在工商局装订、公证后由公司存档。(根据1997年第9.457号法律修订)

第1款 根据股份证明,股份证书的发行代理机构可以活页形式注释记名股份的转让条款,其中载明转让内容以及购买人的名称和资格认定。

第2款 活页上的转让条款将按时间顺序装订在工商局的公证书中,并由股份证书的发行代理机构备案。

簿记股份

第102条 簿记股份的存托金融机构,每年至少向公司提供一次股份存托账户流水复印件和股东名单,其中载明各自持有股份数量,装订在工商局的公证书中,并由金融机构备案。

簿册的检查和质询

第103条 公司负责核实其发行证券的转让、权利或负担设置是否合规;在第27条和第34条的情况下,可分别由股份证书的发行代理机构和簿记股份的存托金融机构负责。

唯一款 股东或任何利益相关方与公司、股份证书的发行代理机构或簿记股份存托金融机构之间,就本法规定的有关股份、收益权证、债券或认股权证簿册注释、登记或转让提出疑问的,将由管辖法官解决,该法官也负责解决公证处官员提出的疑问,但与权利实质相关的问题除外。

公司责任

第104条 因第100条第(1)项至第(3)项所述簿册中发现的缺陷或违规行为给利益关系人造成损失的,由公司承担责任。(根据1997年第9.457号法律修订)

唯一款 公司必须确保证书签发和更换以及簿册中的转让和注释行为在尽可能短的时间内进行,不得超过证监会规定的期限,因过失延误给股东和第三方造成损失的,由公司承担责任。

出示簿册

第 105 条 如果代表股本至少 5% 的股东提出要求，公司被指存在违反法律或章程的行为，或有充分理由怀疑公司的任一机构存在严重违规行为，法院可强制要求出示全部公司簿册。

第十章

股　东

第一节　出资义务

条件和延迟履约

第 106 条　股东有义务按照公司章程或认购公告的条件缴纳与所认购或取得的股份相对应的款项。

第 1 款　如果公司章程或认购公告未提及付款金额以及付款日期或期限,则由公司管理机构通过媒体发布通知,至少催缴 3 次,设定不少于 30 日的宽限期。

第 2 款　如果未按照公司章程或认购公告规定的条件按时缴纳款项,将自动构成延迟履约,并须支付逾期利息、滞纳金和罚款,罚款不超过应缴纳金额的 10%。

违约股东

第 107 条　一旦股东延迟履约,公司可以选择采取以下措施：

(1)针对股东和连带责任人(第108条)提出强制执行程序,以催缴应付款项,认购公告和催缴通知将作为《民法典》条款下的非诉讼执行文书；

(2)在证券交易所强制出售股份,费用和风险由延迟履约的股东承担。

第1款 公司章程或认购公告中禁止或限制行使本条所述措施的任何约定,就公司而言,将被视为无效条款,但善意的认购人可对所遭受的损失和损害向该约定的责任人提起诉讼,诉讼不影响该事件可能适用的刑事责任。

第2款 公告三次后(每次公告均应提前3日),股份将在公司注册地的证券交易所举行特别拍卖,如果注册地没有证券交易所,则在最近的证券交易所进行。相关操作费用将从出售收益中扣除,如果公司章程中有规定,还将扣除逾期利息、滞纳金和罚款,余额将交由违约股东支配。

第3款 即使在司法催收程序开始后,公司也有权在证券交易所强制出售股份；如果在证券交易所出售的股份没有找到购买者,或者定价不足以偿还股东的债务,公司也可以启动司法催收程序。

第4款 如果无法通过本条所述措施缴清公司股份,则公司可以宣布取消未按时足额缴纳的股份,并以利润或储备金转增实收资本,但法定储备金除外;如果公司没有足够的利润或储备金,将有一年的期限委托发行未按时足额缴纳的股份,此后,如仍无法找到买家,则由股东会审议相应减资金额。

转让方的责任

第108条　即使股份交易完成,转让方仍将与购买方共同承担剩余的出资义务,以完成转让股份的实缴。

唯一款　就每个转让方而言,在股份转让之日起的两年内,仍需承担共同出资的义务。

第二节　基 本 权 利

第109条　公司章程和股东会均不得剥夺股东的以下权利:

(1)参与公司利润分配;

(2)参与公司资产清算;

(3)按照本法规定的方式监督企业管理;

(4)优先认购股份、可换股的收益权证、可转股的债券和认股权证,但须遵守第171条和第172条的规定;(参见2013年第12.838号法律)

(5) 在本法规定的情况下退出公司。

第1款　各类股份赋予其持有人平等的权利。

第2款　法律赋予股东确保其权利的途径、程序或行为不得被公司章程或股东会剥夺。

第3款　公司章程可以规定，对于股东与公司之间或控股股东与少数股东之间的分歧，可以根据相关条款通过仲裁解决。(根据2001年第10.303号法律新增)

第三节　表　决　权

一般规定

第110条　每一普通股对于股东会的决议事项，享有一票表决权。

第1款　公司章程可以对每位股东的投票数设定限制。

第2款　(根据2021年第14.195号法律废止)

第110-A条　在以下公司中允许设立具有累积投票权的一层级或多层级普通股，各普通股不得享有超过10票的表决权：(根据2021年第14.195号法律新增)

(1) 封闭股份公司；且(根据2021年第14.195号法律新增)

(2) 公众股份公司，前提是股份层级的设立发生在其所

有发行股份或可转股债券在规范的证券市场进行交易之前。（根据2021年第14.195号法律新增）

第1款 设立具有累积投票权的普通股层级，须满足以下条件的股东投赞成票：（根据2021年第14.195号法律新增）

（1）代表至少一半的有表决权股份股东；（根据2021年第14.195号法律新增）

（2）代表至少一半的无表决权或限制表决权的优先股（如果已发行）股东，且股东按本法规定出席特别股东会并表决。（根据2021年第14.195号法律新增）

第2款 在本条第1款所述决议事项的投票中，异议股东有权根据本法第45条规定，在回购其股份价值后从公司退出，但公司章程已经规定或批准设立具有累积投票权的普通股层级的情况除外。（根据2021年第14.195号法律新增）

第3款 根据本条第(1)项和第(2)项规定，公众股份公司或封闭股份公司的公司章程中，对于本条第1款所述的普通股层级设立，可以规定更高的投票同意比例。（根据2021年第14.195号法律新增）

第4款 如果采用累积投票权的公司上市，且其发行的证券获准进入规范市场的上市板块进行交易，则公司应遵守各监管机构发布的规定，这些规定必须对该类公司的透明度提出要求。（根据2021年第14.195号法

律新增)

第5款　股份或可转股债券在证券市场交易后,禁止改变具有累积投票权的普通股的层级特征,但削减其权利或优势的情形除外。(根据2021年第14.195号法律新增)

第6款　股东有权在公司章程中规定以特定事件作为终止累积投票权有效期的条件或明确终止累积投票权的期限,但须遵守本条第7款和第8款的规定。(根据2021年第14.195号法律新增)

第7款　普通股的累积投票权的初始有效期限最长为七年,在满足以下条件的情况下,可延长至任意期限:(根据2021年第14.195号法律新增)

(1)延期批准符合本条第1款和第3款的规定;且(根据2021年第14.195号法律新增)

(2)如果拟延长股份累积投票权有效期限,则所在层级股份持有人不得参与投票;(根据2021年第14.195号法律新增)

(3)在延期的情况下,异议股东享有本条第2款所述权利。(根据2021年第14.195号法律新增)

第8款　在以下情况下,具有累积投票权层级的股份将自动转换为无累积投票权的普通股:(根据2021年第14.195号法律新增)

(1)以任何形式转让给第三方,但以下情况除外:

(根据2021年第14.195号法律新增)

(a)转让人仍然间接是该股份的唯一持有人并控制着股份所赋予的投票权利;(根据2021年第14.195号法律新增)

(b)向第三方出售具有累积投票权股份,该第三方仍然是同层级股份的持有人;(根据2021年第14.195号法律新增)

(c)转让是在信托财产所有权制度下进行的,旨在集中保管股份。(根据2021年第14.195号法律新增)

(2)累积投票权股份持有人与不持有累积投票权股份的股东之间达成合同或协议,合同或协议规定共同行使表决权。(根据2021年第14.195号法律新增)

第9款 当法律明确规定基于占股份或股本的百分比确定最低决议比例,但未提及股份赋予的表决权时,相应的计算必须忽略累积投票权。(根据2021年第14.195号法律新增)

第10款 (已废止)。(根据2021年第14.195号法律修订)

第11款 禁止以下行为:(根据2021年第14.195号法律新增)

(1)公众股份公司不得采用累积投票权,且股份或可转股债券不得在市场上被有序交易,除非公司被采用累积投票权的公司合并;(根据2021年第14.195号法律

新增)

(2)公众股份公司不得采用累积投票权,且股份或可转股债券不得在市场上被有序交易,除非公司分拆后,新设采用累积投票权的公司,或分拆部分被采用累积投票权公司合并。(根据2021年第14.195号法律新增)

第12款 股东会审议下列事项时,不得采用累积投票:(根据2021年第14.195号法律新增)

(1)管理人员薪酬;(根据2021年第14.195号法律新增)

(2)与符合证监会的相关标准的关联方开展交易。(根据2021年第14.195号法律新增)

第13款 除股本划分的各类型和层级的股份数量外,公司章程还必须至少就以下方面做出规定:(根据2021年第14.195号法律新增)

(1)有表决权的各层级普通股的每股投票数,前提是符合本条规定限额;(根据2021年第14.195号法律新增)

(2)累积投票权的有效期,前提是符合本条第7款规定时限,以及根据本条第3款的条款审议延期的最低决议比例;(根据2021年第14.195号法律新增)

(3)除本条第6款所述情形外,其他作为终止累积投票权有效期条件的事件或期限(如适用)。(根据2021年第14.195号法律新增)

第 14 款　有关累积投票权的规定不适用于国营公司、混合所有制公司及其子公司以及行政机关直接或间接控制的公司。(根据 2021 年第 14.195 号法律新增)

优先股

第 111 条　公司章程可以不赋予优先股某些或全部普通股享有的权利,包括投票权,或者在赋予投票权时附加限制,但需遵守第 109 条的规定。

第 1 款　如果公司在章程规定的期限内,连续三年未能支付优先股应得的固定股利或最低股息,则无投票权的优先股将获准行使投票权。如果股利是非累积的,优先股将保留该投票权直至支付股利为止;如果股利是累积的,优先股将保留该投票权直至支付累积欠款为止。

第 2 款　在与第 1 款相同的情形和条件下,有受限投票权的优先股,将解除行使该权利的限制。

第 3 款　公司章程可以约定,第 1 款和第 2 款的规定自公司开始正常运营时生效。

无记名股份不行使表决权

第 112 条　只有可背书记名股份和簿记股份的持有人才可以行使表决权。

唯一款　根据第 111 条第 1 款和第 2 款规定获得表决权的无记名优先股持有人，在享有表决权期间，可以将股份转换为记名股份或可背书股份，无须公司章程授权。

质押股份和所有权转让担保股份的表决权

第 113 条　股份质押并不妨碍股东行使表决权；然而，法律允许在合同中规定，未经质权人同意，股东不得就某些决议进行表决。

唯一款　所有权转让担保股份的债权人无法行使表决权；债务人需要根据与债权人的合同条款行使表决权。

有用益权记录的股份的表决权

第 114 条　如果公司章程中没有关于用益权的规定，对有用益权记录的股份的表决权，只能在所有人和用益权人事先同意的情况下行使。

滥用表决权和利益冲突

第 115 条　股东必须按公司利益行使表决权；投票目的是对公司或其他股东造成损害，或者为自己或他人谋取不当利益，从而可能对公司或其他股东造成损害的，将被视为滥用

表决权。(根据 2001 年第 10.303 号法律修订)

第 1 款　在股东会审议其股东出资入股的资产评估报告和批准股东作为管理人时的公司账目,以及任何其他以特定方式可能使股东受益或者股东与公司存在利益冲突的事项时,该股东均不得投票。

第 2 款　如果所有认购人均是出资入股的财产的共同所有者,则可批准上述报告,但不影响承担第 8 条第 6 款所述责任。

第 3 款　滥用表决权造成损害的,股东应承担相应责任,即使其投票未获通过。

第 4 款　与公司利益相冲突的股东做出的决定无效;由此造成损失的,该股东应承担责任,并有义务将其获得的利益偿还给公司。

第 5 款　(已废止)。(根据 2001 年第 10.303 号法律修订)

第 6 款　(已废止)。(根据 2001 年第 10.303 号法律修订)

第 7 款　(已废止)。(根据 2001 年第 10.303 号法律修订)

第 8 款　(已废止)。(根据 2001 年第 10.303 号法律修订)

第 9 款　(已废止)。(根据 2001 年第 10.303 号法律修订)

第10款 （已废止）。（根据2001年第10.303号法律修订）

第四节 控股股东

义务

第116条 控股股东是指具备以下条件的自然人、法人实体，或者受投票协议约束或处于共同控制下的团体：

(a)总是享有股东会审议中的多数票并有权选举公司多数管理人员的股东权利；

(b)有效地利用其权利来领导公司经营活动并指导公司机构的运作。

唯一款 控股股东必须利用其权利使公司实现宗旨、履行社会责任，并对公司其他股东、公司工作人员及其经营所在社区负有义务和责任，以使他们的权益得到切实的尊重和关注。

第116-A条 公众股份公司的控股股东以及选举董事会成员或财委会成员的股东或股东团体，必须及时将其在公司持股变动情况告知证监会和证券交易所或按照证监会确定的条件和方式准许公司发行的、证券在场外市场进行有序交易的监管机构。（根据2001年第10.303号法律新增）

责任

第117条 若控股股东滥用权力造成损害,应承担相应责任。

第1款 滥用权力包括以下情形:

(a)引导公司走向与其公司宗旨相悖或损害国家利益的道路,或者导致公司向另一家公司(无论是境内或是境外公司)让利,从而损害少数股东对公司利润或资产享有的权益,甚至损害国家经济;

(b)导致运营良好的公司清算,或推动公司改制、吸收合并、新设合并或分拆,从而为自身或他人谋取不正当利益,对其他股东、公司员工或公司发行证券的投资者造成损害;

(c)推动公司章程变更、发行证券或采取违背公司利益的政策或决定,从而对其他股东、公司员工或公司发行证券的投资者造成损害;

(d)选举并知晓在道德上或专业上不合格的管理人员或财委会成员;

(e)诱导或试图诱导管理人员或财委会成员实施非法行为,使之违反本法和公司章程规定的职责,并促使股东会批准该非法行为,损害公司利益;

(f)直接或通过他人,或者通过其有利益关系的公

司,与公司签订合同,且该合同具有不公平或非公正的优惠条件;

(g)为了个人利益,批准或促使批准管理人员的不合规账目,或者在明知或应当知道举报属实的情况下,未对举报进行调查,或未对理应怀疑的违规行为进行调查;

(h)就第170条的规定而言,购买了与公司宗旨不符的资产。(根据1997年第9.457号法律新增)

第2款 在第1款(e)子项情形中,实施违法行为的管理人员、财委会成员与控股股东承担连带责任。

第3款 担任管理人员、财委会成员职务的控股股东也负有该职务相应的责任和义务。

第五节 股东协议

第118条 关于股份买卖、优先购买权、表决权或控制权行使的股东协议必须由公司在其住所归档并遵守。(根据2001年第10.303号法律新增)

第1款 由股东协议产生的义务或负担在登记簿和股份证书(如签发)注释后,才可对第三方强制执行。

第2款 不得援引股东协议来免除股东行使表决权(第115条)或控制权(第116条和第117条)时的责任。

第3款 根据协议规定的条件,股东可以推动履行所承担的具体义务。

第4款 根据本条被注释的股份不得在证券交易所或场外市场交易。

第5款 公众股份公司的管理机构将在年度报告中向股东会通报公司存档的股东协议中关于利润再投资和股利分配的政策规定。

第6款 若股东协议中明确规定解除条款或条件,到期必须按其规定执行。(根据2001年第10.303号法律新增)

第7款 如股东协议授予在股东会或特别股东会上对特定决议投反对票或赞成票,该授权期限可以比本法第126条第1款规定的期限更长。(根据2001年第10.303号法律新增)

第8款 如果投票违反正式存档的股东协议,股东会主席或公司集体决策会议主席不得对该票进行统计。

第9款 股东协议任一方或根据股东协议条款选出的董事会成员,缺席公司股东会或管理机构会议或者放弃投票,利益受损一方有权行使属于缺席或不作为股东的股份的表决权,如果是董事会成员缺席,则由利益受损一方投票选出的董事行使表决权。(根据2001年第10.303号法律新增)

第10款 受股东协议约束的股东,协议存档后,须指定一名代表,以便必要时与公司沟通、交流信息。(根

据 2001 年第 10.303 号法律新增）

第 11 款　公司可以要求协议成员澄清条款。（根据 2001 年第 10.303 号法律新增）

第六节　代表定居或常住在境外的股东

第 119 条　定居或常住在境外的股东必须在境内保留一名代表,该代表有权接受基于本法对其提出的司法传票。

唯一款　如在巴西行使任何股东权利,均将赋予代理人或法定代表,接受司法传票的资格。

第七节　中止行使权利

第 120 条　若股东不履行法律或者公司章程规定的义务,股东会可以中止其权利,待义务履行完毕后,方可结束中止。

第十一章

股 东 会

第一节

一般规定

第121条 依照法律和公司章程召集和设立的股东会,有权决定与公司宗旨有关的所有事项,并做出其认为适当的任何决议,以维护公司利益并推动公司发展。

唯一款 在公众股份公司和封闭股份公司中,股东可以根据证监会和政府行政权力机关的规定,远程参加股东会并投票。(根据2020年第14.030号法律修订)

专属职权

第122条 股东会负责审议以下事项:(根据2011年第12.431号法律修订)

(1)修订公司章程;(根据2001年第10.303号法律修订)

(2)根据第142条第(2)项的规定,随时选举或解聘公司的管理人员和财委会成员;(根据2001年第10.303号法律修订)

(3)每年核查管理层报告并审议管理人员提交的财务报表;(根据2001年第10.303号法律修订)

(4)授权发行债券,但须符合第59条第1款、第2款和第4款的规定;(根据2011年第12.431号法律修订)(参见2013年第12.838号法律)

(5)中止股东权利(第120条);(根据2001年第10.303号法律修订)

(6)审议股东出资入股的资产评估报告;(根据2001年第10.303号法律修订)

(7)授权发行收益权证;(根据2001年第10.303号法律修订)

(8)审议公司的改制、吸收合并、新设合并、分拆、解散、清算,选举和解聘清算人,审核上述事项的账目;(根据2021年第14.195号法律修订)

(9)授权管理人员承认破产并申请司法重整;(根据2021年第14.195号法律修订)

(10)就公众股份公司而言,审议与关联方交易或向另一家公司转让或捐赠的资产,且该交易涉及的金额占总资产价值50%以上,总资产价值以最近一期经审批的资产负债表为准。(根据2021年第14.195号法律修订)

唯一款　在紧急情况下,经控股股东同意(如有),管理人员可以宣告破产或者申请破产保护,再及时召开股东会进行审议。(根据 2021 年第 14.195 号法律修订)

股东会召开权限

第 123 条　董事会(如有)或高管(根据公司章程规定)有权召集股东会。

唯一款　股东会也可根据以下情况召集:

(a)在第 163 条第(5)项所述情况下,可由财委会召集;

(b)在法律或法律章程规定的情况下,如果管理人员超过 60 日未召集,可由任一股东召集;

(c)如果管理人员在 8 日内没有对召集股东会请求做出回应,且请求已基于充足理由,可由代表至少 5% 股本的股东召集;(根据 1997 年第 9.457 号法律修订)

(d)如果就设立财委会提出召集股东会,管理人员在 8 日内没有对召集请求做出回应,可由代表至少 5% 有表决权股份的股东或至少 5% 无表决权股份的股东召集。(根据 1997 年第 9.457 号法律新增)

股东会召开的形式和地点

第 124 条 召集股东会前应至少发布 3 次公告,其中除会议地点、日期和时间外,应包含会议议程,如涉及修订公司章程,还应具体说明将要修改的章程内容。

第 1 款 首次召集股东会须满足以下条件:(根据 2001 年第 10.303 号法律修订)

(1)对于封闭股份公司,至少提前 8 日发布公告,此为第一次发布公告;如果会议未能举行,则至少提前 5 日发布新的通知,此为第二次发布公告;(根据 2001 年第 10.303 号法律修订)

(2)对于公众股份公司,至少提前 21 日发布第一次公告,至少提前 8 日发布第二次公告。(根据 2021 年第 14.195 号法律修订)

第 2 款 股东会优先选择在公司住所的办公楼举行,若出于不可抗力,可以在其他地方举行,但应与公司住所处于同一城市,并在公告中明确指出。(根据 2020 年第 14.030 号法律修订)

第 2-A 款 在不影响本条第 2 款规定的情况下,公众股份公司和封闭股份公司可以分别根据证监会和政府行政权力机关的规定举行线上会议。(根据 2020 年第 14.030 号法律新增)

第 3 款　在封闭股份公司中,对代表股本 5% 或 5% 以上的股东将按照第 1 款的规定通过电报或挂号信提前发布通知,前提是股东就召开大会向公司提出书面请求。通知中应注明完整地址和请求的有效期,有效期不超过两个会计年度,但可延期;本通知并不免除发布第 1 款所述公告的义务,如果不遵守该通知,股东将有权要求公司管理人员赔偿所遭受的损失。

第 4 款　无论是否满足本条规定程序,所有股东均出席的股东会将被视为合规。

第 5 款　应任一股东的要求,并经咨询公司意见后,证监会可通过其委员会的决议,采取以下措施:(根据 2001 年第 10.303 号法律新增)

(1)如果审议所需信息不足,则决定将股东会推迟最多 30 日,推迟天数自向股东提供完整信息之日起计算;(根据 2021 年第 14.195 号法律修订)

(2)在适用的情况下,可以在公众股份公司特别股东会召集之前中断最多 15 日,以便了解和分析即将提交给会议的提案;在中断结束之前,告知公司其认为会议审议提案违反法律或监管规定的原因。(根据 2001 年第 10.303 号法律新增)

第 6 款　对于股份获准在证券交易所交易的公众股份公司,必须于发布召集股东会的公告之日,向其股份交易最频繁的证券交易所发送供股东在股东会上审议的文

件。(根据 2001 年第 10.303 号法律新增)

股东会"法定出席人数"

第 125 条 除法律规定的例外情况外,股东会应在第一次召集后举行,且出席股东代表不少于有表决权股份对应总票数的 1/4。在第二次召集后,股东会可以任一人数举行。(根据 2021 年第 14.195 号法律修订)

唯一款 无表决权的股东可以出席股东会,对提交审议的事项进行讨论。

合法性和代理

第 126 条 出席会议的人员必须证明其股东身份,并遵守下列规则:

(1)记名股份持有人按要求出示有效身份证件;

(2)簿记股份或根据第 41 条规定存托股份的持有人,除身份证件外,还应出示存托金融机构出具的凭证,如果公司章程要求,应将凭证交公司保管;(根据 1997 年第 9.457 号法律修订)

(3)无记名股份持有人根据第(2)项规定出示各自的存托凭证或文件;

(4)簿记股份或根据第 41 条规定存托股份的持有人,除身份证件外,还应出示由存托金融机构出具的凭证,如果公司章程要求,应将凭证交由公司保管。*

第1款　股东可以由代理人代为出席股东会,委托期限不超过一年,代理人可以是股东、公司管理人员或律师;在公众股份公司中,实际代理人也可能是金融机构,投资基金经理负责代表共同所有者。

第2款　在不影响证监会就审议事项可能发布规定的情况下,委托申请通过信函或公告发出,且必须满足以下要求:

(a)包含代为行使表决权的所有必要信息;

(b)允许股东通过指定另一名代理人对决议投反对票;

(c)根据公司提供地址向所有股东发出。(根据1997年第9.457号法律新增)

第3款　就第1款规定而言,任何持有股份的股东,无论是否拥有表决权,如代表至少0.5%的股本,都有权询问股东地址清单,但应始终遵守上一款的规定。(根据1997年第9.457号法律修订)

第4款　股东的法定代表有资格出席会议。

---

* 第126条第(2)项根据1997年第9.457号修订后,第(4)项又重复了一遍,原文表述如此。——译者注

签到记录

第 127 条 会议开始前,股东应当在"签到簿"上签名,注明姓名、国籍、住所以及所持股份的数量、类别和层级。

唯一款 就本法的所有目的而言,根据证监会的规定,远程签到的股东可被视为正常出席股东会。(根据 2011 年第 12.431 号法律新增)

主席团

第 128 条 会议由主席团主持,除非公司章程另有规定,主席团由出席会议的股东选举出的主席和秘书组成。

最低决议比例

第 129 条 除法律规定的例外情况外,决议事项经股东会简单多数票通过,方能形成决议,空白票不计算在内。

第 1 款 封闭股份公司的公司章程可以增加某些决议事项的最低决议比例,前提是在公司章程中明确规定。

第 2 款 在出现平票的情况下,如果公司章程没有规定仲裁程序并且没有包含其他规则,则间隔至少两个月后再次召集股东会对审议事项进行投票;如果这种平票情况仍然存在,并且股东不同意由第三方做出决定,则由司法机关根据公司的利益做出决定。

股东会纪要

第 130 条 股东会议工作和决议事项应当记录在专门的会议纪要中,并由主席团成员和出席会议的股东签署。为使会议纪要有效,签名人数构成大会必要多数即可。根据法律规定,可以要求提供会议纪要的公证副本。

第 1 款 会议纪要可以摘要形式起草,描述发生事实(包括异议和反对的情况),并仅记载决议内容,前提是:

(a)提交股东会的文件或议案,以及会议纪要中提及的赞成或反对声明,均已按顺序编号,并经主席团和所有提出该要求的股东认证,之后由公司存档;

(b)应利益相关股东的要求,主席团对提交的议案、投票异议或反对声明的副本或复印件进行认证。

第 2 款 公众股份公司股东会可以批准公告无股东签名的会议纪要。

第 3 款 如果会议纪要不是按照第 1 款允许的形式起草,则仅可公告其摘要,其中包括发生事实的摘要以及决议内容的转述。

股东会类型

第 131 条　股东会审议第 132 条规定的事项时为年度股东会，审议其他事项时为特别股东会。

唯一款　年度股东会和特别股东会可以在同一地点、日期和时间召开并在同一份会议纪要中记录。

第二节　年度股东会

目的

第 132 条　每年在会计年度结束后的四个月内，必须召开一次股东会，会议有以下目的：

(1) 获取管理层报告，对财务报表进行审查、讨论和表决；

(2) 决定当年净利润分配和股利发放；

(3) 选举管理人员和财委会成员(如适用)；

(4) 批准股本的年度货币调整(第 167 条)。

管理文件

第 133 条　管理人员必须在举行年度股东会的一个月以

前,按照第124条规定的方式发布公告,向股东通报以下内容：

(1) 上年度的管理层报告,包括经营情况和主要管理事实;

(2) 财务报表复印件;

(3) 独立审计师意见(如有);

(4) 财委会意见,包括反对票(如有);(根据2001年第10.303号法律新增)

(5) 与会议议程中的事项相关的其他文件。(根据2001年第10.303号法律新增)

第1款 公告将指出股东可以获取上述文件副本的一个或多个地点。

第2款 公司将根据第124条第3款规定的条件,向以书面形式提出请求的股东发送上述文件的副本。

第3款 除第4款和第5款涉及的文件外,本条所述文件应至少在举行股东会的5日前公告。(根据2001年第10.303号法律修订)

第4款 如果未发布公告或发布公告未遵守本条规定期限,但全体股东仍出席股东会,则违规可视为已经整改;但会议召开前仍须公告文件。

第5款 如果本条所述文件在举行年度股东会的一个月以前发布,则可以免除发布公告。

程序

第 134 条 股东会召开后,将应股东要求,宣读第 133 条所述文件和财委会意见(如有),并由主席团提交讨论和表决。

第 1 款 公司管理人员或至少其中一名管理人员以及独立审计师(如有)必须出席会议以回应股东的澄清请求,但对于本条所述文件,管理人员不能作为股东或代理人投票。

第 2 款 如果大会要求进一步澄清,可以推迟审议并要求采取必要措施;如果管理人员、财委会成员或独立审计师缺席,审议也将被推迟,除非出席股东给予豁免。

第 3 款 财务报表和账目经股东会批准且无保留意见,则可免除管理人员和财委会成员的责任,但存在过失、故意不当行为、舞弊或造假的情况除外。(第 286 条)

第 4 款 如果经会议批准的财务报表变更年度利润金额或公司债务价值,管理人员应在 30 日内按照会议审议结果调整,并重新发布报表;如果管理机构提议的利润分配方案未获得批准(第 176 条第 3 款),则调整将纳入会议纪要。

第 5 款 年度股东会的会议纪要将在工商局备案并公告。

第 6 款　如果封闭股份公司中高管是唯一股东,则第 1 款的但书规定不适用。

第三节　特别股东会

公司章程修订

第 135 条　涉及公司章程修订的特别股东会,在第一次召集时,应有占有表决权股份对应票数的 2/3 的股东出席,但在第二次召集时,则不限数量。(根据 2021 年第 14.195 号法律修订)

第 1 款　修订的公司章程办理备案和公告手续后方可对第三方生效,但公司或其股东不得以未履行上述手续为由对抗善意相对人。

第 2 款　第 97 条及其第 1 款和第 2 款以及第 98 条及其第 1 款的规定适用于修订后的公司章程。

第 3 款　在发出召集股东会的第一次公告时,与特别股东会讨论事项有关的文件,须在公司住所提供给股东。(根据 2001 年第 10.303 号法律新增)

最低决议比例

第 136 条　如果公司的股份未获准在证券交易所或场外

市场上交易,审议以下事项时,须经有表决权股份的半数以上通过(如公司章程未规定更高的决议比例):(根据2021年第14.195号法律修订)

(1)设立优先股或增加现有优先股层级,可以不保持与其他优先股层级比例,但公司章程已有规定或授权的情况除外;(根据2001年第10.303号法律修订)

(2)变更一个或多个层级的优先股的受偿顺位、特权、赎回或摊销条件,或者设立新的更有优先性的层级;(根据1997年第9.457号法律修订)

(3)减少法定股利;(根据1997年第9.457号法律修订)

(4)公司合并,或并入另一家公司;(根据1997年第9.457号法律修订)

(5)参与集团公司(第265条);(根据1997年第9.457号法律修订)

(6)变更公司宗旨;(根据1997年第9.457号法律修订)

(7)终止公司清算状态;(根据1997年第9.457号法律修订)

(8)设立收益权证;(根据1997年第9.457号法律修订)

(9)公司分拆;(根据1997年第9.457号法律新增)

(10)公司解散。(根据1997年第9.457号法律新增)

第1款 在第(1)项和第(2)项规定的情况下,在不可延长的一年期限内,须由受到影响的各层级优先股股东在特别会议上进行批准,决议才能生效。该会议由管

理人员召集,并按照本法规定的正式程序进行。(根据1997年第9.457号法律修订)

第2款　对于股权分散在市场上的公众股份公司,如最近3次出席会议的股东所持有表决权股份仅占总数一半以下,证监会可以授权减少本条规定的最低决议比例。(根据2021年第14.195号法律修订)

第2-A款　在本条第2款的情况下,应在召集公告中提及证监会的授权,并且只有在第三次召集时才能按减少的决议比例审议通过决议事项。(根据2021年第14.195号法律新增)

第3款　本条第2款和第2-A款的规定也适用于本条第1款所述优先股股东特别会议。(根据2021年第14.195号法律修订)

第4款　如未经事先批准,审议第(1)项和第(2)项事项的股东会会议纪要中必须载明,该审议必须经第1款所述特别会议批准后方能生效。(根据1997年第9.457号法律新增)

第136-A条　如股东会批准将仲裁协议纳入公司章程,且批准符合第136条所述最低决议比例,则该仲裁协议适用于所有股东,但异议股东有权根据第45条规定回购其股份价值后退出公司。(根据2015年第13.129号法律新增)(生效中)

第1款　自批准仲裁协议的股东会会议纪要公告之

日起30日届满后,本协议方能生效。(根据2015年第13.129号法律新增)(生效中)

第2款 本条所述退出权不适用于以下情况:(根据2015年第13.129号法律新增)(生效中)

(1)将仲裁协议纳入公司章程的公司发行的证券获准进入证券交易所或场外市场板块进行有序交易的前提是各类型和层级的股份的公众持股比例不低于25%;(根据2015年第13.129号法律新增)(生效中)

(2)根据本法第137条第(2)项(a)子项和(b)子项,将仲裁协议纳入公司章程的公众股份公司的股份在市场上具有流动性和分散性。(根据2015年第13.129号法律新增)(生效中)

退出权

第137条 如果第136条第(1)项至第(6)项、第(9)项所述事项得到批准,异议股东有权在回购其股份价值后退出公司(第45条),但须遵守以下规定:(根据2001年第10.303号法律修订)

(1)就第136条第(1)项和第(2)项而言,只有所在类型或层级受影响的股份持有人才有权退出。(根据1997年第9.457号法律新增)

(2)就第136条第(4)项和第(5)项而言,如果所在类型

或层级的股份在市场上具有流动性和分散性,则股份持有人无权退出:(根据2001年第10.303号法律修订)

(a)具有流动性的股份:股份或代表该股份的证书所在类型或层级,组成巴西或境外证券市场(由证监会定义)证券指数的样本;(根据2001年第10.303号法律修订)

(b)具有分散性的股份:控股股东、控股公司或其控制下的其他公司的持股比例不足股份所在类型或层级的一半。(根据2001年第10.303号法律修订)

(3)就第136条第(9)项而言,只有公司分拆导致以下情况,股东才享有退出权:(根据2001年第10.303号法律修订)

(a)变更公司宗旨,除非分拆后净资产转移至某公司,该公司的主要业务与被分拆公司的宗旨一致;(根据2001年第10.303号法律新增)

(b)减少法定股利;(根据2001年第10.303号法律新增)

(c)参与集团公司。(根据2001年第10.303号法律新增)

(4)股东必须在股东会会议纪要公告后30日内向公司要求支付股份回购款;(根据2001年第10.303号法律修订)

(5)异议股东召集特别股东会(第136条第1款)的期限从对应会议纪要的公告日开始计算;(根据2001年第10.303号法律修订)

(6)只有在遵守第3款规定(如适用)并且股东会批准决议后才可要求支付股份回购款。(根据2001年第10.303号

法律新增)

第 1 款　股东会召集公告第一次发布之日,或就决议事项进行沟通之日(以二者较早者为准),对会议审议结果持异议的股东,包括无表决权的优先股股东,如果能在当日能证明持有股份,则可以对该股份行使退出受偿权利。(根据 1997 年第 9.457 号法律修订)

第 2 款　即使股东已放弃投反对票或未出席股东会,其回购权仍可在本条第(4)项或第(5)项规定的期限内行使(视情况而定)。(根据 2001 年第 10.303 号法律修订)

第 3 款　在本条第(4)项和第(5)项规定期限结束后 10 日内,如果管理机构认为向行使退出权的异议股东支付款项,将危及公司的财务稳定性,则有权召集股东会重新审议该决议。(根据 2001 年第 10.303 号法律修订)

第 4 款　股东未在规定期限内行使退出权,将丧失退出权。(根据 1997 年第 9.457 号法律新增)

第十二章

董事会和高管会

公司管理层

第138条 根据公司章程的规定,公司的管理职能由董事会和高管会行使,或仅由高管会行使。

第1款 董事会是集体决策机构,只有高管有权代表公司行使权力。

第2款 公众股份公司和授权资本公司必须设立董事会。

第3款 在公众股份公司中,董事长不得同时兼任公司总裁或首席执行官。(根据2021年法律第14195号修订)

第4款 证监会可以颁布规定,豁免本法第294－B条规定的小型企业不受本条第3款所述的限制。(根据2021年第14.195号法律修订)

第139条 法律赋予公司管理机构的职能和权力,其不得转让或授权给其他由法律或公司章程设立的机构。

第一节 董事会

组成

第 140 条 董事会应由至少三名成员组成,由股东会选举和罢免,公司章程应规定如下事项:

(1)董事会的具体人数,或董事会人数的上限和下限,以及由股东会或董事会选举和替补董事长的程序;(根据 2001 年第 10.303 号法律修订)

(2)董事的替补方式;

(3)任期,不得超过三年,可以连选连任;

(4)有关召集、设立和运作董事会的规定,董事会以多数票表决通过决议事项,公司章程可以为某些决策事项设立特别决议比例,但必须明确适用特别决议比例的事项。(根据 2001 年第 10.303 号法律修订)

第 1 款 公司章程可以规定员工代表参加董事会的事宜,员工代表应由员工通过直接选举选出,选举由公司与代表员工的工会组织共同筹办。(根据 2021 年第 14.195 号法律新增)

第 2 款 在公众股份公司董事会的组成中,必须有独立董事,具体规定和任期依照巴西证监会的规定。(根

据 2021 年第 14.195 号法律新增)

累积投票

第 141 条 无论公司章程是否规定,在选举董事会成员时,拥有至少 1/10 表决票的股东均可要求采用累积投票机制,通过该机制,每股的投票数将乘以待选职位数,股东有权将选票集中投给一个候选人或分配给多个候选人。(根据 2021 年第 14.195 号法律修订)

第 1 款 股东应在股东会召开前四十八小时内行使本条规定的权利,股东会主席应提前根据"出席登记簿"告知股东每位董事当选所需的票数。

第 2 款 因票数相同而未选举出的席位,应按上述第 1 款规定的方式重新进行选举。

第 3 款 通过该程序选举产生的董事会成员,如果股东会罢免其中任何一位,其他成员也将一并被罢免,并重新进行选举。在其他情况下,如出现职位空缺且无候补成员时,由下一次股东会重新选举整个董事会。

第 4 款 除控股股东外,在股东会上,以下两类股东可以通过单独投票选举和罢免一名董事会成员及其候补成员:(根据 2001 年第 10.303 号法律修订)

(1)持有至少 15% 有投票权的公众股份公司股份的股东;(根据 2001 年第 10.303 号法律新增)

(2) 持有至少 10% 无投票权或投票权受限的公众股份公司优先股的股东,且这些股东选择行使第 18 条规定的权利。(根据 2001 年第 10.303 号法律新增)

第 5 款　如果拥有表决权的股份持有人和无表决权或限制表决权的优先股持有人均未分别达到第 4 款第(1)项和第(2)项规定的比例,则允许他们合并股份,共同选举一名董事会成员及其候补成员。在这种情况下,应遵照第 4 款第(2)项规定的比例。(根据 2001 年第 10.303 号法律新增)

第 6 款　只有在股东会召开前至少连续三个月不间断地持有规定股份的股东,才可以行使第 4 款规定的权利。(根据 2001 年第 10.303 号法律新增)

第 7 款　如果董事会的选举采用累积投票制,并且普通股或优先股的持有人行使选举董事的权利,则持有超过 50% 具有投票权股份的股东或通过投票协议关联的股东团体,有权选举的董事人数应与其他股东选举的董事人数相等,同时再额外增加一名董事,此时若不超过公司章程的规定,则无须重新选举。*(根据 2021 年第 14.195 号法律修订)

第 8 款　公司应当登记行使第 4 款所述权利的股东

---

* 这里的逻辑是相等董事人数 +1 名董事;有些情况下不会因为增加 1 名董事而超过公司章程规定的董事会成员数。——译者注

身份信息。(根据2001年第10.303号法律新增)

第9款 (被否决)。(根据2001年第10.303号法律新增)

职能

第142条 董事会有以下职能:

(1)确定公司的总体业务导则;

(2)选举和罢免公司的高管,并在遵照公司章程的前提下,确定其职责;

(3)监督高管的工作情况,随时检查公司的账簿和文件,要求提供已签订或正在签订的合同及其他任何事项的信息;

(4)在认为适当的时机,或根据第132条的规定,召集股东会;

(5)对管理层报告和高管账目进行表决;

(6)提前对公司合同或事项进行表决,如果公司章程有此要求;

(7)在公司章程授权的前提下,决定是否发行股份或认股权证;(参见2013年第12.838号法律)

(8)授权处置非流动资产,设立实物担保,以及为第三方义务提供担保,若公司章程中没有规定反对条款;(根据2009年第11.941号法律修订)

(9)选择和解聘独立审计师。(如适用)

第1款 包含对第三方生效决议的董事会会议纪要应提交工商局备案并披露。(根据2001年法律第10.303条修订)

第2款 若存在第141条第4款选出的董事,该董事享有对独立审计师选择和解聘的否决权。(根据2001年法律第10.303条新增)

第二节 高 管 会

组成

第143条 高管会应由一名或多名成员组成,这些成员可由董事会或股东会(若无董事会)在任一时间选举或罢免。公司章程应规定以下内容:(根据2021年第182号法律修订)

(1)高管会具体人数或人数的上限和下限;

(2)高管的替补方式;

(3)高管的任期,任期不得超过三年,可以连任;

(4)每位高管的职责和权限。

第1款 董事会成员最多1/3可被选举为高管。

第2款 公司章程可以规定某些高管职能范围内的事项并在高管会上进行决议。

代表权

第 144 条 在公司章程或董事会决议[第 142 条第(2)项和本条唯一款]没有规定的情况下,任意一名高管都可以代表公司,并采取维持公司正常运转的行动。

　　唯一款　在其职责和权限范围内,高管有权为公司指定代理人,授权书中应明确规定代理人可进行的行为及委托时限,在司法授权的情况下,委任时限可为无限期。

第三节　管 理 人 员

通用规定

第 145 条 关于管理人员的要求、限制、任职、薪酬、职能和责任的规定适用于董事会成员和高管会成员。

要求和限制

第 146 条 只有自然人才能被选举为管理人员。(根据 2021 年第 14.195 号法律修订)

第 1 款　选举管理人员的股东会或董事会会议纪要应包含每位当选者的资格和任期,并应在工商局备案并披露。

第 2 款　居住或常住国外的管理人员,任职后必须确定境内的代表人,并授权该代表在管理人员任期结束后至少三年内:(根据 2021 年第 14.195 号法律修订)

(1)接收基于公司法提起的诉讼传票;(根据 2021 年第 14.195 号法律新增)

(2)接收证监会发起的行政程序传票和通知,若该人员担任的是公众股份公司的管理职务。(根据 2021 年第 14.195 号法律新增)

第 147 条　如果法律对担任公司管理职务有资质的要求,则股东会只能选举那些出示资质证明的候选人,且证明文件的副本应在公司住所备案。

第 1 款　以下人员无资格担任公司管理职务:根据特别法被取消资格者,根据破产罪被判刑的人,犯渎职罪、行贿或受贿罪、敲诈勒索罪、侵占公款罪、危害公共经济罪、侵犯公信力的敲诈罪、侵犯财产罪的人或者受到任何刑事处罚而无法(即使是暂时)担任公职者。

第 2 款　被证监会宣布无资格担任公众股份公司管理职务的人也无资格当选。

第 3 款　公司董事必须具有良好的声誉,除非经股东会特别批准,否则不得选举以下人员担任董事:(根据

2001年第10.303号法律新增)

(1)在业务相竞争的公司任职,特别是在董事会、咨询委员会或财委会任职;(根据2001年第10.303号法律新增)

(2)与公司存在利益冲突的人。(根据2001年第10.303号法律新增)

第4款 为证明满足第3款的条件,当选的董事需要根据证监会的条款,签署一份声明。这份声明须参考第145条和第159条的内容,如果董事作假或者不符合条件,将受到法律的处罚。(根据2001年第10.303号法律新增)

管理人员的担保

第148条 公司章程可以规定,管理人员的职位必须由其本人或第三方通过公司股份质押或其他担保方式进行担保。

唯一款 担保只有在离任管理人员提交的最后一份账目明细获得批准后方可解除。

就职

第149条 董事会成员和高管在就职时,应在董事会或高管会会议纪要中签署就职条款。

第1款 如果在任命后的30日内未签署就职条款,除非得到其被选举的管理机构同意,否则该任命自动失效。(根据2001年第10.303号法律修订)

第2款 就职条款必须至少包含一个地址,以便管理人员在相关的行政和司法程序中,接收传票和通知,否则无效。传票和通知送至指定地址即视为送达,地址变更必须书面通知公司。(根据2001年第10.303号法律新增)

职位的替补和终止

第150条 除非公司章程另有规定,当董事会出现职位空缺时,应由其余董事会成员指定一名替补成员,其任期至下一次股东会召开前。如多数职位出现空缺,应召集股东会重新选举。

第1款 当董事会所有职位都出现空缺时,由高管会召集股东会。

第2款 当高管会所有职位都出现空缺时,若公司没有董事会,则由财委会(如果已设立)或任何股东召集股东会,在股东会召开前,应由持股最多的代表负责代表公司采取任何紧急行动。

第3款 当选的替补管理人员任期应为被替补者的

剩余任期。

第 4 款 董事会或高管会的任期延续至新当选的管理人员就职。

辞职

第 151 条 就公司而言,当公司收到辞职者发送的书面通知时,其辞职即生效;就善意的第三方而言,在工商局登记并公告后,辞职即生效。

薪酬

第 152 条 由股东会决定管理人员的整体或个人薪酬,包括所有福利和津贴,股东会做出决定时需考虑管理人员的职责、投入的时间、专业能力、声誉以及其在市场上的服务价值。(根据 1997 年第 9.457 号法律修订)

第 1 款 如果公司章程规定的法定股利为净利润的 25% 或更多,则可以将公司利润分配给管理人员,但总额不得超过管理人员的年薪或公司利润的 1/10,以较低者为准。(第 190 条)

第 2 款 只有在向股东支付了第 202 条规定法定股利的财政年,管理人员才有权分享利润。

第四节　责任与义务

勤勉义务

第 153 条　公司管理人员在履行职责时,应持所有勤勉和诚信的人在管理自己的事务时所采用的相同审慎态度。

职责目标与滥用权力

第 154 条　管理人员应运用法律和公司章程赋予的权利,实现公司的利益和目标,同时满足公共利益和公司的社会责任要求。

第 1 款　由股东联合体选出的管理人员对公司负有与其他管理人员相同的职责,即使出于选举其的股东联合体的利益,也不能违背上述职责。

第 2 款　管理人员不得:

(a)做出损害公司利益的自由裁量行为;

(b)未经股东会或董事会事先批准,向公司借钱或借物,或者使用公司的财产、服务或利用公司的地位为自己谋利,或者为自己有利害关系的公司或第三方谋利;

(c)未经公司章程或股东会批准,利用职务之便直接或间接从第三方收受任何形式的个人好处。

第3款　在违反上述第2款(c)子项规定的情况下,收到的任何款项均归公司所有。

第4款　考虑到公司承担的社会责任,董事会或高管会可授权实施合理的无偿行为,以造福员工或公司所属的社区。

忠诚义务

第155条　管理人员必须忠于公司,对公司业务保密,不得做出以下行为:

(1)利用因其职务而知悉的商业机会为自己或他人谋取利益,不论是否对公司造成损害;

(2)在行使或保护公司权利时不作为,或者出于为自己或他人谋取利益的目的,主动放弃对公司有利的商业机会;

(3)购买他们知道公司需要或者计划购买的物品或权利,然后以获利为目的转售给公司或其他人。

第1款　公众股份公司管理人员必须对因其职务而获得的尚未向市场披露且可能对证券价格产生重大影响的信息保密,不得利用该信息通过买卖证券为自己或他人获取利益。

第2款　管理人员必须确保其下属或信任的第三方不会违反第1款的规定。

第3款 在违反上述第1款和第2款规定的情况下,若因签订证券买卖合同而受到不利影响,任何人均可要求侵权责任人赔偿损失和损害,除非该人在签订合同时已知悉有关信息。

第4款 任何获得尚未披露的重大信息的人都不得利用该信息在证券市场上为自己或他人获取利益。(根据2001年第10.303号法律增加)

利益冲突

第156条 管理人员不得参与同公司利益存在冲突的业务活动,也不得参与其他管理人员对该业务活动做出的表决。管理人员有责任将其利益冲突的情况通知其他管理人员,并在董事会或高管会的会议纪要中详细记录其利益的性质和范围。

第1款 即使遵守本条规定,管理人员也只能在合理和公平的条件下与公司签订合同,这些条件应与市场上普遍存在的条件或公司与第三方签订合同的条件相同。

第2款 任何未按上述第1款规定签订的合同均可作废,所涉及的管理人员有义务将其在此类合同中获得的所有利益转交给公司。

告知义务

第157条 公众股份公司的管理人员签署就职条款时，应申报其拥有的由公司、受控公司或属于同一集团公司发行的股份、认股权证、股份认购期权和可转换债券的数量。

第1款 若持有公司5%以上的股东提出要求，公众股份公司的管理人员应向年度股东会披露以下信息：

(a)在上一财政年度内，直接或通过其他人购买或出售的公司、受控公司或属于同一集团公司发行的证券数量；

(b)在上一财政年内，签订或行使的股份认购期权；

(c)从公司及关联公司、控股公司或同一集团公司获得或正在获得的间接或附加好处或优势；

(d)公司与董事和高级雇员签订的劳动合同的条款；

(e)公司活动中的任何重要行动或事件。

第2款 管理人员应根据任何股东提出的要求出具书面的澄清材料，由股东会主席团认证后，将材料副本提交给申请者。

第3款 本条所涉事项的披露只能用于公司或股东的合法利益，任何信息披露的申请者应对信息的不当使用承担责任。

第4款　当公司业务中发生可能会显著影响市场投资者买卖公司证券的决定时，公众股份公司的管理人员必须及时通知证券交易所，并通过媒体披露股东会或公司管理机构的决议。

第5款　如果管理人员认为信息的披露会危及公司的合法利益，可以拒绝提供信息[第1款(e)子项]或停止披露(第4款)，此时根据管理人员、任一股东的请求，由证监会决定是否披露信息，并在必要时追究管理人员的责任。

第6款　公众股份公司的管理人员必须按照证监会规定的方式和条款，及时将他们在公司中的持股变动情况通知证监会及公司股份进行交易的证券交易所或规范的场外交易市场。(根据2001年第10.303号法律新增)

管理人员的责任

第158条　管理人员对其代表公司所作的承诺以及在正常业务过程中采取的行动，不承担个人责任；但对以下行为所造成的任何损失承担个人责任：

(1)在其职权范围内，有过失或欺诈行为；

(2)违反法律或章程规定。

第1款　管理人员对其他管理人员的非法行为无须负责，除非其与之串通一气、刻意疏忽或者得知后未采取阻止措施。如果管理人员在管理机构会议纪要中表达了不一致的意见,或者将其异议建议及时书面通知了管理机构、财委会(如有设立)或股东会,则可免除其责任。

第2款　管理人员应当对未履行法定职责所导致的损害赔偿承担连带责任,即使公司章程规定这些职责并非所有管理人员的义务。

第3款　在不违反下文第4款规定的前提下,对于公众股份公司,上文第2款规定的责任应仅限于那些根据公司章程应履行此职责的管理人员。

第4款　若管理人员得知其前任或根据第3款具有特定职责的管理人员未履行其法定职责,而没有将该情况通知股东会,该管理人员将与未履行职责的管理人员承担连带责任。

第5款　为谋取个人或他人利益而参与违反法律或公司章程行为的人,将与管理人员承担连带责任。

追责诉讼

第159条　根据股东会通过的决议,公司可就给公司财产造成损失的管理人员提起民事责任诉讼。

第1款　若事先在股东会议程中载明,则决议可以由年度股东会审议;若决议与特别股东会决议事项有直接关联,也可以由特别股东会审议。

第 2 款　被提起诉讼的管理人员应在同一次股东会上撤职,并予以替换。

第 3 款　如果在股东会决议后的三个月内未提起诉讼,则任何股东均可提起诉讼。

第 4 款　如果股东会决定不提起诉讼,则占公司股份 5% 以上的股东可以提起诉讼。

第 5 款　股东提起诉讼的结果由公司承担,但公司应补偿其因提起诉讼而发生的所有费用,包括货币调整和支出的利息,但最高不超过诉讼结果的总金额。

第 6 款　如果法官确信管理人员是出于善意并且为公司利益行事,则可以认定免除其责任。

第 7 款　本条规定的追责诉讼,不妨碍任何股东或因管理人员行为而直接受到损害的第三方采取任何其他行动。

技术和咨询机构

第 160 条　公司章程中设立的各种技术或咨询机构的成员,都要遵守本节的规定。

第十三章

财 委 会

组成和运作方式

第 161 条 公司应设立财委会,由公司章程规定其运作方式。财委会可以是常设机构,也可以是股东申请在某个财政年特别设置。

第 1 款 财委会应由至少三名、最多五名成员组成,并应有相同数量的候补成员,成员可以是股东,也可以不是,由股东会选举产生。

第 2 款 若财委会为非常设机构,应由至少持有有表决权股份 10% 或无表决权股份 5% 的股东提出申请后,由股东会设立。设立的财委会的任期于下一次年度股东会结束。

第 3 款 即便会议召集通知中没有列出财委会的设立请求,也可以在任何股东会上提出该申请,并由该股东会选举其成员。

第 4 款 财委会的组成中应遵循以下规定:

（a）持有无投票权或投票权受限的优先股股东有权在单独投票中选举一名成员及候补成员；如果少数股东合计持有10%及以上的有投票权股份，则其拥有相同的权利；

（b）除上述规定外，其他拥有投票权的股东可以选举比(a)子项选出的正式成员和候补成员多一位。

第5款　财委会的成员及其候补成员的任期从他们被选举至下一次年度股东会，可以连任。

第6款　财委会的成员及其候补成员的任期从他们被选举至下一次年度股东会结束，可以连任。*（根据2001年第10.303号法律新增）

第7款　财委会成员的职责不得转让。（根据2001年第10.303号法律新增）

资质要求、任职限制和薪酬

第162条　只有符合以下条件的自然人可以被选为财委会成员：必须是居住在巴西国内，拥有大学学位，或者拥有三年以上担任公司管理人员或财委会成员的经验。

第1款　若当地没有足够数量的符合该资质要求的人员，法官有权免除公司满足本条规定的要求。

---

* 原文第5款和第6款就是一样的内容。——译者注

第 2 款　除第 147 条列举的人员外,公司、受控公司或属于同一集团公司中的管理人员和雇员,以及公司管理人员的配偶或三级以内亲属,都不能被选为财委会成员。

第 3 款　除履行财委会职责所必需的交通和住宿费外,财委会成员的薪酬由选举他们的股东会确定,每名成员的薪酬不得低于公司高管、平均薪酬的 1/10。福利、津贴和利润分成不包括在内。(根据 1997 年第 9.457 号法律修订)

职权

第 163 条　财委会有以下职权:

(1)财委会成员有权监督管理层,并督查其履行法定义务和公司章程规定义务的情况。(根据 2001 年第 10.303 号法律修订)

(2)对管理层年度报告发表意见,并添加其认为有必要或有助于股东会决议的意见。

(3)对管理层提交股东会审议的提案发表意见,这些提案包括股本变动、发行债券或认股权证、投资计划或资本预算、股利分配、公司改制、吸收合并、新设合并或分拆等。(参见 2013 年第 12.838 号法律)

(4)财委会成员均可向管理层报告发现的错误、欺诈或犯罪行为,若管理层未采取必要措施保护公司利益,财委会成员可向股东会报告,并提出对公司有益的建议。(根据2001年第10.303号法律修订)

(5)管理层延迟超过一个月未召集年度股东会,财委会有权召集年度股东会。如遇到重大或紧急情况,财委会可以召集特别股东会,并在股东会议程中加入其认为必要的事项。

(6)至少每季度检查一次公司编写的资产负债表和其他财务报表。

(7)审核本会计年度的决算、财务报表,并提出意见。

(8)在清算过程中行使上述职能,并将清算的特殊规定考虑在内。

第1款 管理机构必须通过书面形式,在10日内向在任的财委会成员提供其会议纪要的副本,并在财委会成员收到会议纪要副本的15日内提供定期编写的资产负债表、其他财务报表,以及预算执行报告。(若适用)

第2款 在任一财委会成员提出要求的情况下,财委会可要求管理机构做出澄清或提供资料,并编写特别财务报表或会计报表。(根据2001年第10.303号法律修订)

第3款 财委会成员应参加董事会(如有)或高管会,以便对上述第(2)项、第(3)项、第(7)项中规定的事项发表意见。

第4款 如果公司有独立审计师,当财委会任一成员提出要求时,财委会可以要求独立审计师做出必要的澄清或提供资料,并要求他们调查具体事实。(根据1997年法律第9.457号修订)

第5款 如果公司没有独立审计师,为了更好地履行财委会的职能,财委会可以选择雇佣会计师或审计公司,并按照现行市场准则,考虑公司的业务规模,确定他们合理的报酬,该报酬由公司支付。

第6款 若代表至少5%股本的股东或股东团体提出要求,财委会应向其提供职权范围内的任何信息。

第7款 法律赋予财委会的职能和权力不得转授公司的其他机构。

第8款 为了查明履行其职能所需的事实,财委会可以提出合理的问题,要求由专家来回答。财委会可以要求高管在30日内指定三名专家人选(可以是自然人或法人,在相关领域拥有公认的专业知识),最终由财委会选出一名专家来回答。相关费用由公司支付。(根据1997年第9.457号法律新增)

意见和陈述

第164条 财委会的成员们,或至少一名成员,必须出席股东会,并回应股东提出的信息要求。

唯一款 无论是否公告财委会或其任意一名成员的

意见和陈述,都可以在股东会上提交并宣读,即便事先并未在大会日程中列出。(根据 2001 年第 10.303 号法律修订)

义务与责任

第 165 条 财委会成员有与管理人员相同的义务(参见第 153 条至第 156 条),应对未履行职责、过失或故意行为、违反法律或公司章程而造成的损失,财委会成员需要承担责任。(根据 2001 年第 10.303 号法律修订)

第 1 款 财委会组成人员应当根据公司利益履行职责,以下情况视为滥用职权:出于损害公司、股东或管理人员目的,或者为自己或他人谋取不当利益,从而导致或可能导致公司、股东或管理人员受损的行为。(根据 2001 年第 10.303 号法律修订)

第 2 款 财委会成员不对其他成员的违法行为负责,除非该成员与他们串通或共同参与实施了违法行为。(根据 2001 年 10 月 31 日第 10.303 号法律修订)

第 3 款 财委会成员将因未履行其义务而承担连带责任,但如果持不同意见的成员在会议纪要中表明了其异议,并通知了管理机构和股东会,那么该成员可以免除责任。(根据 2001 年第 10.303 号法律新增)

第 165 - A 条 财委会成员应遵守巴西证监会的规定,及时向巴西证监会、公司股份上市的证券交易所或规范的场外交易市场,通报其在公司中的股权变动情况。(根据2001年第10.303号法律新增)

第十四章
股本变更

第一节 增 资

权限

第166条 增资可以采用以下方式:

(1)通过年度股东会的决议,调整股本的表示*。(第167条)

(2)如发行的股份在公司章程授权的限额内(第168条),则由股东会或董事会通过决议,但须遵守公司章程的有关规定。

(3)将公司债券或收益权证转换为股份,或者行使认股权证或股份认购权赋予的购买股份的权利。(参见2013年第12.838号法律)

(4)若公司章程未规定授权增资的情况,或者该授权额

---

* 调整股本的表示为巴西特有制度。公司股本总额会根据每年公布的官方通胀指数进行浮动。

度已使用完毕,可以通过召开特别股东会来修改公司章程。

第 1 款　增资生效后的 30 日内,对于第(1)项至第(3)项,公司应进行工商登记,对于第(4)项,应当对修改公司章程的股东会会议纪要进行登记备案。(参见 2013 年第 12.838 号法律)

第 2 款　若公司有常设财委会,除第(3)项外,必须在做出增资决定前征求财委会的意见。(参见 2013 年第 12.838 号法律)

年度货币调整

第 167 条　公司在编制年度财务报告时,因实收资本的货币调整而产生的资本储备(第 182 条第 2 款),年度股东会将审批是否执行资本化。

第 1 款　对于公众股份公司,本条规定的资本化应在不改变已发行股份数量的情况下进行,但应增加股份面值。(如适用)

第 2 款　若储备余额对应的股份面值不足 1 分钱;或没有股份的情况下,同时储备余额低于公司股本的 1%;公司可以选择不进行资本化。

第 3 款　若公司存在有票面价值的股份和无票面价值的股份,那么需要单独进行有票面价值股份的调整,由此产生的资本储备将专门用于这些股份的资本化。

授权资本

第 168 条 公司章程可授权增加资本金,而无须修改章程。

第 1 款 授权应具体说明以下内容:

(a)增资的上限,以股本金额或股份数量表示,并规定可以发行的股份层级和类别;

(b)有权决定发行的机构,可以是股东会,也可以是董事会;

(c)发行所需满足的条件;

(d)股东有权优先认购或无权优先认购的情况和条件。(第 172 条)

第 2 款 当授权上限以股本金额表示时,应使用进行股本调整的参考指数,由年度股东会对其进行调整。

第 3 款 公司章程可以规定,在授权资本额度内,依据股东会批准的计划,公司可以授予其管理人员或雇员,或者为公司或其控股公司提供服务的自然人股份的购买期权。

利润和储备的资本化

第 169 条 若通过利润或储备的资本化而增加资本,应调整股份的票面价值,或在股东中按其拥有的股份数比例,分配与增加相应的新股。

第1款 股份无票面价值的公司可将利润或储备资本化而不改变股份数量。

第2款 根据本条款分配的股份,如果原股份有任何用益权、信托、不可转让性或不可流通性等限制,这些限制也适用于分配的新股份,除非分配新股的文书另有说明。

第3款 若无法将股份完整地分配给每个股东,那么零散的股份将在证券交易所出售,出售所得再按原比例进行分配。在股份出售之前,公司需设定至少30日的期限,在这个期限内,股东可以自由转让他们持有的零散股份。

股份认购

第170条 公司在缴足至少3/4的股本后,可公开或私下进行股份认购来增资。

第1款 确定股份发行价格时,不得无故稀释原股东的持股比例,即使他们有优先认购权,同时应单独或共同考虑以下内容:(根据1997年5月5日第9.457号法律修订)

(1)公司的预期利润;(根据1997年5月5日第

9.457号法律新增)

(2)股份净值;(根据1997年5月5日第9.457号法律新增)

(3)证券交易所或规范的场外交易市场的报价,同时考虑到因市场因素而产生的溢价或折价。(根据1997年5月5日第9.457号法律新增)

第2款 若股东会的职能包括审批股本的增加,则可委托董事会确定股份在市场的发行价。

第3款 以非货币财产认购股份应始终按照第8条的规定进行,并遵守第98条第2款和第3款的规定。

第4款 股份的首期付款和分期付款可以不通过银行存款的方式由公司收取。

第5款 若通过公开认购增资,应遵守第82条的规定。若通过私下认购增资,根据公司的章程,应依据股东会或董事会的决议。

第6款 增资时适用公司成立的相关规定,但不适用于第82条第2款的最后部分。

第7款 增资的提案应根据本条第1款的规定详细说明增资理由所适用的标准和证明决策的经济合理性。(根据1997年第9457号法律新增)

优先认购权

第171条 根据持有股份的比例,股东享有优先认购新增股本的权利。(参见2013年第12.838号法律)

第1款 当股本分为不同类别或层级,而增资是通过发行一种以上类别或层级的股份进行时,应遵守以下规定:

(a)如果各现有类别和层级股份的数量按相同比例增加,每个股东将根据其所持有的股份层级,优先认购相同层级的股份。

(b)如果发行的股份是现有类别和层级的股份,但这些股份会改变公司股本的比例,那么股东只能优先认购与他们现在持有的股份层级和类别相同的股份。只有当这些股份不足以让他们在增资后保持与增资前相同的持股比例时,才可以认购其他层级的股份。

(c)如果发行的股份是不同于现有类别或层级的股份,每个股东将根据其持有的股份比例,对增资中的所有类别和层级的股份行使优先认购权。

第2款 若公司通过债券转换或非货币财产认购来进行增资,股东始终享有优先购买权,且股东支付的款项应交给持有转换债券或等待非货币财产转让给公司的人。

第 3 款　对于公司发行的可转换为股份的债券、认股权证和可转换为股份的收益权证,股东有优先购买的权利。但当这些券证转换成股份,或者授予和行使股份购买选择权时,股东不享有优先购买权。

第 4 款　公司章程或股东会应规定行使优先购买权的期限不得少于 30 日。

第 5 款　如果股东未在规定期限到期日前 10 日内行使优先认购权,其受益人或受托人可以代替他行使该权利。

第 6 款　股东可转让其优先购买权。

第 7 款　公众股份公司中,负责决定进行非公开发行证券的公司管理机构,可以按以下方式处置未认购部分的证券:

(a)将该部分证券在证券交易所出售,收益归公司所有;

(b)按照认购比例,将这些剩余的证券分配给在认购单或认购名单中请求保留剩余证券的股东。在这种情况下,该条件应在认购单中注明,未能分配出去的剩余部分将按照前面提到的方式在证券交易所出售。

第 8 款　对于封闭股份公司,必须按照第 7 款(b)子项规定进行剩余证券的分配,如果有剩余部分,可以根据股东会或董事会制定的标准,由第三方进行认购。

优先认股权的排除

第172条　若公众股份公司的公司章程包含增资的授权,可以发行原股东优先购买权或缩短第171条第4款规定期限的股份、可转换债券或认购权证,其发行方式可以是以下形式:(根据2001年第10.303号法律修订)(参见2013年第12.838号法律)

(1)在证券交易所出售或公开认购;

(2)根据第257条和第263条的规定,通过公开收购控制权的要约,进行股票交换。(根据2001年第10.303号法律修订)

唯一款　封闭股份公司的公司章程,也可以根据税收激励特别法的规定,排除优先认股权。

第二节

减资

第173条　股东会可以做出减资的决议,若发生亏损,可以相应减去亏损金额的资本,或者当股东会认为公司资本过多时,也可以减资。

第 1 款 当管理人员提出减资提议时,若公司有常设财委会,需要经过财委会审核后,才可将此提议提交至股东会。

第 2 款 自减资决议通过之日起,已发行股份的权利将被暂停,直到股份证书被公司替换。

债权人异议

第 174 条 除第 45 条和第 107 条另有规定外,通过向股东返还部分股本价值,或者减少尚未缴足股份的票面价值至已实缴金额而进行的减资,只有在股东会会议纪要公告后的 60 日后才生效。

第 1 款 在本条款规定的期限内,在公司会议纪要公告日期之前就已经存在的无担保债权人,可以以通知的方式告知公司住所地的工商局,对公司减资的决议提出异议。债权人在此期间不行使该权利的,视为自动放弃。

第 2 款 如果在规定的期限内没有债权人反对,或者有债权人反对,但公司能证明已经支付了其债务或将相应金额存入了法院,那么股东会包含减资决议的会议纪要仍可以被登记备案。

第 3 款 若公司发行了流通的公司债券,在本条规定的情况下,未经大多数债券持有人在特别股东大上事先批准,不得实施减资。

第十五章

财政年和财务报表

第一节 财 政 年

第175条 公司的财政年时长为一年,由公司章程决定其结束日期。

唯一款 公司成立和公司章程变更时,可以规定财政年的不同起止日。

第二节 财 务 报 表

一般规定

第176条 每个财政年结束后,为了反映公司的资产状况和本财政年内的变化情况,公司应基于其账簿编制以下财务报表:

(1)资产负债表;

(2)损益表;

(3) 当期权益变动表;

(4) 现金流量表;(根据2007年第11.638号法律修订)

(5) 如果是公众股份公司,还需提供增值表。(根据2007年第11.638号法律新增)

第1款 每个财政年的财务报表应同时列报上一个可比会计期间的比较数据。

第2款 性质或功能相似的项目一般可以汇总列报;小额余额可以合并,但必须注明其性质,并且不得超过相应账户组的1/10;不允许使用"各类账户"或"活期账户"等泛称。

第3款 若股东会批准,财务报表应列明根据管理机构建议分配的利润。

第4款 财务报表应辅以说明性附注以及其他必要的分析图表,以阐明资产状况和财务结果。

第5款 说明性附注应包括以下内容:(根据2009年第11.941号法律修订)

(1) 关于财务报表的编制基础,以及为处理公司业务和重大事件所选择和应用的具体会计政策。(根据2009年第11.941号法律新增)

(2) 披露在巴西采用的会计实践要求,但未在财务报表中列报的信息。(根据2009年第11.941号法律新增)

(3) 提供未在财务报表中列报,但对于理解其内容

具有相关性的附加信息。(根据2009年第11.941号法律新增)

(4)并注明以下内容:(根据2009年第11.941号法律新增)

(a)评估资产要素,尤其是库存,计算折旧、摊销和耗竭,设立应对负债或风险的准备金,以及调整以应对可能损失的主要标准;(根据2009年第11.941号法律新增)

(b)对其他公司的重大投资(第247条唯一款);(根据2009年第11.941号法律新增)

(c)重新评估导致的资产价值增加(第182条第3款);(根据2009年第11.941号法律新增)

(d)公司资产上的实际负担、向第三方提供的担保以及可能存在的其他偶发或潜在责任;(根据2009年第11.941号法律新增)

(e)长期债务的利率、到期日和担保情况;(根据2009年第11.941号法律新增)

(f)股本的数量、类别或层级;(根据2009年第11.941号法律新增)

(g)年度内授予和行使股份的期权;(根据2009年第11.941号法律新增)

(h)以前年度的调整(第186条第1款);(根据2009年第11.941号法律新增)

(i)资产负债表中载明的日后可能对公司未来财务

状况和业绩产生重大影响的后续事件。（根据2009年第11.941号法律新增）

第6款 在指定资产负债表日,净资产低于200万雷亚尔的封闭股份公司无须编制或披露现金流量表。（根据2007年第11.638号法律修订）

第7款 巴西证监会可酌情规定本条第3款规定内容的呈现方式。（根据2009年第11.941号法律新增）

账簿

第177条 公司的账簿必须是永久保存的,要遵守商业法律和本公司法的规定,符合普遍接受的会计原则。公司在记录财务变动时,必须采用一贯的会计方法或标准,按照权责发生制进行记录。

第1款 在会计方法或标准发生重大变更的年度财务报表中,应在附注中对此进行强调说明。

第2款 公司可以在辅助的账簿或记录中,按照税法或特定行业法律规定的会计方法或标准进行记录,但不得修改主要的账簿和按照本公司法规定的财务报表,也不得制作其他的财务报表。（根据2009年第11.941号法律修订）

第3款 公众股份公司的财务报表还须遵循证监会的规定,并必须由有注册资质的独立审计师进行审计。

（根据2009年第11.941号法律修订）

第4款　财务报表必须由管理人员和合法注册的会计师签署。

第5款　第3款中提及的巴西证监会制定的规则，应与主要证券市场所采用的国际会计准则一致。（根据2007年第11.638号法律增加）

第6款　封闭股份公司可以选择遵守证监会对公众股份公司的财务报表规定。（根据2007年第11.638号法律新增）

第三节　资产负债表

账户组分类

第178条　在资产负债表中，项目应根据其所代表的资产和负债进行分类，以便于了解和分析公司的财务状况。

第1款　在资产方面，账目应依据所记录要素的流动性，按递减顺序排列，分为以下组别：

（1）流动资产；（根据2009年第11.941号法律新增）

（2）非流动资产，包括长期应收款、投资、固定资产和无形资产。（根据2009年第11.941号法律新增）

第2款　在负债方面，项目应按照以下组别分类：

(1)流动性负债;(根据 2009 年第 11.941 号法律新增)

(2)非流动性负债;(根据 2009 年第 11.941 号法律新增)

(3)股东权益,包括股本、资本储备、评估增值调整、利润储备、自持股份及累计亏损。(根据 2009 年第 11.941 号法律新增)

第 3 款　公司不能抵销的借方余额和贷方余额应单独分类。

资产

第 179 条　资产项目应按以下方式分类:

(1)流动资产:现金,预计在一个正常营业周期中变现、出售或耗用;

(2)长期资产:下一财政年度结束后的应收权利,以及向关联公司或子公司(第 243 条)、董事、股东或以其他方式参与公司利润的其他人提供的不构成公司正常业务的销售、预付款或贷款所产生的权利;

(3)投资:对其他公司的永久性投资和任何性质的权利,不归入流动资产,也不用于公司的经营活动;

(4)固定资产:用于维护公司或企业活动的有形资产,或为此目的行使的权利,包括那些通过转移给公司带来利益、风

险和控制的资产所产生的权利;(根据2007年第11.638号法律修订)

(5)(根据2009年第11.941号法律废止)

(6)无形资产:用于维护公司或企业活动的无形资产,或为此目的行使的权利,包括已购得的商誉。(根据2007年第11.638号法律新增)

唯一款 如果公司的业务运营周期超过一个财政年度,则应根据该周期划分流动资产或长期资产。

流动性负债

第180条 公司的债务,包括用于购买非流动性资产权利的融资,应在下一个财政年度到期时归类为流动性负债;如果到期日超过一个财政年度,则归类为非流动性负债,但须遵守本法第179条唯一款的规定。(根据2009年法律第11.941号修改)

未来财政年度收益

第181条 (根据2009年第11.941号法律废止)

净资产

第182条 股本应列明已认购的总额,并扣除尚未缴付的部分。

第1款 记录以下内容的项目应归为资本储备:

(a)股份认购人超过票面价值的出资,以及无票面价值股份发行价超过股本形成专用金额的部分,包括将债权或收益权证转换为股份的情况;

(b)出售收益权证和认股权证的收益;

(c)(根据2007年第11.638号法律废止)

(d)(根据2007年第11.638号法律废止)

第2款 实收资本的货币调整在未资本化之前,应记录为资本储备。

第3款 资产和负债要素因公允价值评估而增加或减少的金额,在未计入当期收益时,依据权责发生制,应归为资产评估调整,在本法规定的情况下或由证监会依据本法第177条第3款颁布的规定进行。

第4款 利润储备应包括公司利润分配形成的项目。

第5款 应在资产负债表中记录库存股的购置资金来源,并将库存股作为净资产账户的扣除项。

资产计量标准

第 183 条 在资产负债表中,资产应按照以下标准进行计量:

(1)金融工具的投资,包括衍生工具,以及在流动资产或长期可实现资产中分类的权利和信用证券:(根据 2007 年第 11.638 号法律修订)

(a)对于用于交易或可供出售的投资,按公允价值计量。(根据 2009 年第 11.941 号法律修订)

(b)对于其他投资,权利和信贷票据,当可能的变现价值低于购买成本时按购买成本或发行价值计量,并根据法律或合同条款进行更新。(根据 2007 年第 11.638 号法律新增)

(2)对公司产成品、原材料、在产品和库存品进行计量时,使用购买或生产成本,如果市场价格更低,则应进行相应的价值调整。

(3)对其他公司权益的投资(第 248 条至第 250 条规定的除外),应按购买成本进行计量。如果这些投资的价值出现永久性的损失,需要计提相应的减值储备金。若公司免费获得了红利股份或股权,则不需要因此调整投资的计量价值。

(4)对于其他的投资,按照购买成本进行评估,并扣除为弥补可能损失而设置的准备金。如果市场价值低于购买成本,还需要把购买成本调整到市场价值。

(5)固定资产,按照购买成本进行计量,并扣除相应的折旧和摊销。

(6)(已废止)。(根据2009年第11.941号法律修订)

(7)无形资产,按购买成本进行计量,并扣除相应的摊销。(根据2007年第11.638号法律新增)

(8)由于长期交易产生的资产项目,按现值调整。对于其他项目,如果有重要影响,也需要进行调整。(根据2007年第11.638号法律新增)

第1款 为了本条的目的,公允价值的定义如下:(根据2009年第11.941号法律修订)

(a)原材料和库存商品的公允价值:在市场上购买这些商品的重置价格。

(b)待售商品或权利的公允价值:在市场上出售这些商品的净价,减去税款和其他必要的销售费用。

(c)投资的公允价值:这些投资能够以净值出售给第三方的价格。

(d)金融工具的公允价值:在活跃市场中进行非强制性交易时可获得的价格;如果没有该金融工具的活跃市场:(根据2007年第11.638号法律新增)

①类似性质、期限和风险的其他金融工具在活跃市场中的交易价格;(根据2007年第11.638号法律新增)

②类似性质、期限和风险的金融工具的未来现金流净现值;(根据2007年第11.638号法律新增)

③通过数学统计模型对金融工具进行定价所得的价值。(根据2007年第11.638号法律新增)

第2款 固定资产和无形资产价值的减值应定期计入以下项目:(根据2009年第11.941号法律修订)

(a)折旧,即实物的价值减少,这些实物会因使用、自然作用、陈旧磨损而造成价值下降;

(b)摊销,是指为获得工业产权或商业产权以及任何其他有存在期限或行使期限的产权,或其标的物是在法律或合同规定的有限期限内使用的物品,而投入资本价值的减少;

(c)折耗,矿产资源或森林资源的开采权或用于开采的资产的价值减少。

第3款 公司必须定期分析固定资产和无形资产中的价值情况,以达成以下目的:(根据2009年第11.941号法律修订)

(1)当决定停止投资的商业或业务活动,或证明这些商业或业务活动无法产生足够的利益来收回投资价值时,记录投资价值的损失。(根据2007年第11.638号法律新增)

(2)定期审查和调整用于确定经济使用寿命和计算折旧、摊销、折耗的标准。(根据2007年第11.638号法律新增)

第4款 如果某些商品的市场价值符合公认的会计

技术标准,这些用于销售的商品库存可以按市场价值计量。

负债的计量标准

第184条 在资产负债表中,负债项目应根据以下标准进行计量:

(1)已知或可估算的负债、费用和风险,包括基于本年度业绩应支付的所得税,应按截至资产负债表日期的更新值计算;

(2)以外币计价并附有货币平价条款的负债,应按资产负债表日的汇率折算为本币;

(3)非流动性负债中的债务、费用和风险应按其现值进行调整,其他负债如果有重大影响也需调整。(根据2009年第11.941号法修订)

公司合并与收购计量标准(根据2009年第11.941号法律新增)

第184-A条 证监会应根据本法第177条第3款的授权,制定适用于控制权收购、股权或业务收购的特殊计量和会计准则。(根据2009年第11.941号法律新增)

货币调整

第 185 条 （根据 1989 年第 7.730 号法律废止）

第四节　留存收益表

第 186 条　留存收益表应包含以下内容：
(1) 期初余额、往年调整额和期初余额的货币调整值；
(2) 储备金回转额和本期净利润；
(3) 储备金的转移、股利分配、利润资本化和期末余额。

　　第 1 款　只有由于会计政策变更，或更正特定的前期差错且不能归因于后续事项时，才将其作为以前年度的调整。

　　第 2 款　留存收益表必须显示每股股利的金额。如果公司编制和发布了当期权益变动表，留存收益表可以包含在其中。

第五节　损　益　表

第 187 条　财政年度的损益表应包含以下内容：
(1) 销售和服务的总收入，销售的扣减、折扣和税金；

(2) 销售和服务的净收入,商品和服务的销售成本和毛利润;

(3) 销售费用、从收入中扣除的财务费用、一般和管理费用以及其他经营费用;

(4) 营业利润或亏损,其他收入和其他支出;(根据2009年第11.941号法律修订)

(5) 税前利润和所得税费用;

(6) 不被认定为费用的项目包括债券持有人的权益,员工、管理人员、受益人的分红(即使是以金融工具的形式),员工援助,养老机构或基金的权益;(根据2009年第11.941号法律修订)

(7) 年度净利润或亏损,以及每股收益。

第1款　确定年度利润或亏损时,应考虑以下因素:

(a) 当期的收入和收益,不论其是否以货币变现;

(b) 与这些收入和收益相对应的成本、费用、支出和损失,不论是否已支付或发生。

第2款　(根据2007年第11.638号法律废止)

第六节　现金流量表和增值表

(根据2007年第11.638号法律修订)

第188条　本法第176第4款和第5款提到的财务报表

至少应包含以下内容:(根据2007年第11.638号法律修订)

(1)现金流量表——财政年度内现金及现金等价物余额发生的变化,将这些变化至少分为三类:(根据2007年第11.638号法律修订)

(a)经营活动的现金流量;(根据2007年第11.638号法律修订)

(b)筹资活动的现金流量;(根据2007年第11.638号法律修订)

(c)投资活动的现金流量。(根据2007年第11.638号法律修订)

(2)增值表——展示公司所创造的财富,以及这些财富参与各方的分配情况,如员工、融资方、股东、政府和其他参与者,还包括未分配的财富部分。

(3)(根据2009年第11.941号法律废止)

(4)(根据2009年第11.941号法律废止)

第十六章
利润、储备金和股利

第一节 利　　润

亏损扣除和所得税

第189条　在利润分配之前,应先在年度结果中扣除累积亏损和所得税费用。

唯一款　本年度亏损必须依次由留存收益、利润储备金和法定储备金抵销。

份额

第190条　雇员、管理人员和受益人的份额按照上述顺序分配利润,并依次扣除上一顺位股份已分配的利润。

唯一款　第201条各款的规定适用于管理人员和受益人份额的支付。

净利润

第 191 条　年度净利润是指扣除第 190 条所述份额分红后的年度结果。

利润分配提案

第 192 条　公司管理机构应根据第 193 条至第 203 条和公司章程的规定,在提交年度财务报表的同时,向年度股东会提交关于年度净利润分配的提案。

第二节　储备金和利润留存

法定储备金

第 193 条　年度净利润的 5% 应在任何其他分配之前用于设立法定储备金,其数额不得超过公司股本的 20%。

第 1 款　如果法定储备金的余额加上第 182 条第 1 款中的资本储备超过股本的 30%,公司可以选择在该财政年内不设立法定储备金。

第 2 款　法定储备金的目的是确保公司股本的完整

性,故只能用于弥补亏损或增资。

任意盈余储备金

第 194 条 公司章程可以设立任意盈余储备金,但需明确以下内容:
(1)具体和完整的目的;
(2)确定每年从净利润中用于设立该储备金的标准;
(3)任意盈余储备金的最高限额。

应急储备金

第 195 条 股东会可以根据管理机构的建议,将部分净利润用于设立应急储备金,其目的是在未来的财政年中弥补潜在损失所导致的净利润的减少。

第 1 款 管理机构的建议必须说明预期损失的原因,并以审慎的理由说明设立储备金的合理性。

第 2 款 一旦设立储备的理由不再存在或损失发生,储备金将在对应财政年内取消。

税收激励储备金（根据2007年第11.638号法律新增）

第195－A条 根据管理机构的提案，股东会可将捐赠或政府投资补贴所产生的净利润计入税收激励储备金，这部分利润可以被排除在法定股利的计算基础之外（本法第202条单独项）。（根据2007年第11.638号法律新增）

利润储备金

第196条 根据管理机构的提议，股东会可以决定留存部分年度净利润，这些利润必须在股东会事先批准的资本预算中有所体现。

第1款 管理机构提交的预算应包含所有资金来源和用途，包括固定和流动资本，预算期限最多可达五个财政年，除非投资项目的执行期更长。

第2款 当预算期超过一个财政年度时，可由审议财务报表的股东会批准预算，并每年进行审查和修订。（根据2001年第10.303号法律修订）

未实现利润储备金

第 197 条 当根据公司章程或第 202 条规定的年度法定股利额超过年度净利润的实际实现部分时,股东会可以根据管理机构的提议,将超出部分分配至未实现利润储备金。(根据 2001 年第 10.303 号法律修订)

第 1 款 根据本条的规定,年度净利润的实际实现部分是指除以下两项之外的部分:(根据 2001 年第 10.303 号法律修订)

(1)通过权益法得出的正收益(第 248 条);(根据 2001 年第 10.303 号法律修订)

(2)在下一个财政年度结束后实现的净利润、收入或业务收益,或按市值核算的资产与负债。

第 2 款 未实现利润储备金仅能用于支付法定股利,根据第 202 条第 3 款的规定,每个财政年度中最先以现金实现的未实现利润应被视为储备金的一部分。(根据 2001 年第 10.303 号法律修订)

储备金和利润留存的限制

第 198 条 在每个财政年度,公司需要首先满足法定股利的分配(第 202 条),然后才可以批准储备金(第 194 条)和

利润留存的分配。(第 196 条)

利润储备余额的限制（根据 2007 年第 11.638 号法律修订）

第 199 条 利润储备余额(除了应急储备金、税收激励储备金和未实现利润储备金)不得超过公司股本。如果达到这一限额,股东会应决定将超出部分用于增资或分配股利。

资本储备

第 200 条 资本储备只能用于以下用途:
(1)弥补超过留存收益和利润储备的损失(第 189 条唯一款);
(2)赎回、回购或购买股份;
(3)赎回收益权证;
(4)转增到股本;
(5)向优先股支付股利,如果优先股对此有规定。(第 17 条第 5 款)

唯一款 通过出售收益权证产生的储备可用于赎回这些股份。

第三节　股　利

来源

第 201 条　公司只能从当年净利润、留存收益和利润储备账户支付股利；如果是第 17 条第 5 款所述的优先股，则只能从资本储备账户支付股利。

第 1 款　若违反以上规定分配股利，公司管理人员和财委会成员需要共同承担责任，并将分配的金额归还公司，同时可能面临刑事责任。

第 2 款　如果是善意收取的股利，股东无须退还。如果股利在未经审计的情况下或在与审计结果不一致的情况下分配，则视为恶意。

法定股利

第 202 条　股东有权在每个财政年度获得公司章程规定的利润作为法定股利，如果公司章程未作规定，则有权获得根据以下规则确定金额：(根据 2001 年第 10.303 号法律修订)(参见 2013 年第 12.838 号法律)

(1) 财政年净利润的一半，扣除或增加以下金额：(根据

2001年第10.303号法律修订)

(a)法定储备金的金额(第193条);(根据2001年第10.303号法律新增)

(b)因设立应急储备金(第195条)而划拨的金额,以及以前财政年度设立的同一储备金的转回金额。(根据2001年第10.303号法律新增)

(2)根据第(1)项规定确定的股利支付额可以限制在实际实现的净利润范围内,但差额须计入未实现利润储备金(第197条);(根据2001年第10.303号法律修订)

(3)未实现利润储备金中记录的利润在实现时,如果没有被后续财政年的亏损吸收,应计入实现后首次宣告的股利中。(根据2001年第10.303号法律修订)

第1款 公司章程可以规定股利占利润或股本的百分比,也可以规定其他标准,但前提是这些标准必须精确、详细,且不能让管理机构或多数股东随意决定,以免对少数股东造成不利影响。

第2款 当公司章程未作规定,并且股东会决定修改章程以加入有关规定时,法定股利不得低于根据本条第(1)项规定的调整后净利润的25%。(根据2001年第10.303号法律修订)

第3款 股东会可以决定分配低于法定比例的股利或保留全部净利润,前提是没有任何在场股东的反对。其适用于以下类型的公司:(根据2001年第10.303号法

律修订)

(1)只通过不可转换为股份的债券募集资金的公众股份公司;(根据2001年第10.303号法律新增)

(2)封闭股份公司,但不包括被不符合上述条件的公众股份公司控制的公司。(根据2001年第10.303号法律新增)

第4款 本条规定的股利,公司管理机构可以告知股东会,基于公司的财务状况,本年度的股利分配不再是强制性的。财委会(如果正在运作)应就这一信息发表意见,如果是公众股份公司,管理人员需要在股东会召开后5日内将这一信息报告给证监会。

第5款 未按第4款规定分配的利润应计入特别储备金,如果在随后的财政年度中未被亏损吸收,则应在公司财务状况允许时尽快作为股利支付。

第6款 未按第193条至第197条规定使用的利润应作为股利分配。(根据2001年第10.303号法律新增)

优先股股利

第203条 第194条至第197条以及第202条的规定不得损害优先股股东优先获得固定股利或最低股利的权利,包括累积拖欠的股利。

中期股利

第 204 条 公司根据法律或公司章程的规定,可以编制半年度财务报表,并根据管理机构(如果章程对其做出授权)的决议,按照该报表中计算的利润分配股利。

第 1 款 公司可以根据公司章程的规定,编制短于半年的财务报表并分配股利,但是需满足每个财政年度中的每半年支付的股利总额不超过第 182 条第 1 款规定的资本储备金数额。

第 2 款 公司章程可以授权管理机构,根据最近的年度或半年度财务报表中的累计利润或现有的利润储备金,宣告中期股利。

股利的支付

第 205 条 公司应向在股利宣告日登记为股份所有者或受益人的人支付记名股份的股利。

第 1 款 股利可以通过寄送记名支票到股东向公司提供的地址,或将款项存入股东名下的银行账户进行支付。

第 2 款 根据第 41 条和第 43 条的规定,保存在银行托管账户或存储的股份股利,公司应支付给金融托管机构,由其负责向股份持有人发放。

第 3 款　除非股东会另有决定,股利应在宣告之日起 60 日内支付,且必须在财政年当年内支付。

第十七章

解散、清算和终止

第一节 解 散

第206条 公司解散的情况如下：

(1)法定解散：

(a)公司存续期限届满；

(b)公司章程规定的情况发生；

(c)经股东会决议通过(第136条)；(根据1997年第9.457号法律修订)

(d)在下一年的股东会上没有重新达到至少两名股东的要求,经年度股东会核实,只存在单一股东,但须遵守第251条的规定；

(e)公司的营业执照被依法吊销。

(2)司法解散：

(a)任一股东提起诉讼并被判决公司成立无效；

(b)持有公司5%或5%以上股份的股东提起诉讼并被判决证明公司无法实现其目的；

(c)公司破产,根据相关法律规定处理。

(3)由相关行政机关依据特别法的规定做出解散决定。

效力

第207条 当公司解散时,为便于清算,公司仍保留法人资格,直到公司彻底终止运作。

第二节 清 算

公司清算

第208条 如公司章程未作规定,在第206条第(1)项所述情况下,由股东会负责确定清算方式,并指定清算人和清算期间的财委会。

第1款 设有董事会的公司可保留董事会,并由董事会负责指定清算人;财委会应根据公司章程的规定长期运作或应股东的要求运作。

第2款 任命清算人的机构可随时解聘清算人。

司法清算

第209条 除第206条第(2)项规定的情况外,清算还可以通过司法程序进行：

(1)在第 206 条第(1)项规定的情况下，如果董事或多数股东不进行清算或反对清算，任一股东都可以请求司法清算；

(2)在第 206 条第(1)项(e)子项情况下，如果公司在解散后 30 日内未能启动清算，或在启动清算后中断清算超过 15 日，检察院可以根据有关当局的通知请求司法清算。

唯一款　在司法清算中，应遵循诉讼法的规定，清算人由法官任命。

清算人的职责

第 210 条　清算人的职责如下：
(1)将审议或决定清算的大会记录或判决书备案并公告；
(2)收集公司的资产、账簿和文件，无论它们在何处；
(3)及时编制公司资产负债表，期限不得超过股东会或法官规定的期限；
(4)结束公司业务，变现资产，偿还债务，并将剩余部分分配给股东；
(5)在资产不足以清偿债务时，要求股东全额支付其股份认购款；
(6)在法律规定的情况下或清算人认为必要时，召集股东会；
(7)在法律规定的情况下，宣布公司破产并申请公司自愿重整；

（8）清算结束后，向股东会提交清算期间的报告和最终账目；

（9）备案并公告清算结束的股东会会议纪要。

清算人的权利

第211条 清算人代表公司并执行所有必要的清算行为，包括处置动产或不动产、签订协议、接受和解除债务。

唯一款 未经股东会明确授权，清算人不得以资产作抵押或贷款，除非这些行为是为了支付紧急的债务；也不得为了便于清算继续公司的经营活动。

公司名称

第212条 在所有行为或业务中，清算人应使用公司名称，并加上"清算中"字样。

股东会

第213条 清算人每六个月召集一次股东会，向其报告半年度的行为和操作，并提交清算状态的报告和财务报表。股东会可以设定更短或更长的报告周期，但不得少于三个月或超过十二个月。

第 1 款　在公司清算期间,所有股份享有平等的投票权,原有的对普通股或优先股的限制失效;清算结束后,这些限制将恢复效力。

第 2 款　在司法清算过程中,必要的股东会由法官召集,法官负责主持会议并简要解决提出的疑问和争议。股东会的会议纪要将以公证副本附加在司法文书中。

债务支付

第 214 条　在尊重优先债权人的权利情况下,清算人将按比例支付公司债务,无论是到期的还是未到期的,但对于未到期的债务,将按银行利率进行折算。

唯一款　如果公司资产超过负债,在明确个人责任的前提下,清算人可全额清偿到期债务。

资产分配

第 215 条　股东会可以决定在清算结束前,在所有债权人被支付后,根据已确定的公司资产比例,进行股东间的分配。

第 1 款　在债权人得到偿付或担保后,股东会可通过代表至少 90% 有表决权股份的股东投票同意,批准

剩余资产的特殊分配条件,按账面价值或其他约定的价值分配财产给股东。(根据2021年第14.195号法律修订)

第2款 如果异议股东有证据证明(第216条第2款),特殊分配条件是为了使大多数股东受益,而对他应得的部分不利,分配将被暂停(如果尚未完成);如果已经完成,主要股东应赔偿少数股东的损失。

账目报告

第216条 在支付债务和分配剩余资产后,清算人将召集股东会进行最终账目报告。

第1款 批准账目后,清算结束,公司终止。

第2款 异议股东可在会议纪要公告后30日内提起相关诉讼。

清算中的责任

第217条 清算人的责任与管理人员相同,管理人员、财委会成员和股东的义务和责任应持续到公司终止为止。

未清偿债权人的权利

第218条　清算结束后,未偿债权人只能向股东个人要求支付债权,支付金额不能超过股东从公司清算中获得的金额。债权人也可以对清算人提起损害赔偿诉讼。如果某个股东被要求支付债权,该股东有权向其他股东追讨他们应支付的部分。

第三节　终　　止

第219条　公司在以下情况中属于业务终止:
(1)清算结束;
(2)公司被并购、合并,或公司分拆后所有资产转移到其他公司。

第十八章
改制、合并和分拆

第一节 改 制

定义和形式

第220条 改制是指公司在不解散或清算的情况下,从一种类型转变为另一种类型。

唯一款 公司的改制应符合有关公司类型的设立和登记的规定。

决议

第221条 改制需要所有合伙人或股东的一致同意,除非公司章程或企业协议中另有规定。不同意改制的合伙人有权退出公司。

唯一款 在公司章程中,合伙人可以放弃在公司改制时退出的权利。

债权人的权利

第 222 条 在任何情况下,公司改制不得损害债权人的权利,债权人在其债务完全受偿之前,继续享有改制前公司类型所提供的相同担保。

唯一款 如果改制后的公司破产,只有在改制前就已存在的债权人要求的情况下,破产的效力才会作用于改制前就可能受到影响的股东,并且这种效力只会对这些债权人有利。

第二节

吸收合并、新设合并和分拆的权限与程序

第 223 条 吸收合并、新设合并或分拆可以在相同或不同类型的公司之间进行,并且必须按照修改公司章程的规定进行。

第 1 款 如果创建了新公司,应遵守有关组建同类公司的规则。

第 2 款 合并或分拆公司的股东或合伙人可直接从发行公司获得他们应得的股份。

第3款　如果吸收合并、新设合并或分拆涉及公众股份公司,那么继任公司也必须是公众股份公司,并且必须在批准操作股东会召开日期起120日内获得相关登记,在二级市场上允许新股的交易,遵守证监会的相关规定。(根据1997年第9.457号法律新增)

第4款　如果未遵守上述规定,股东有权退出公司,并在规定期限结束后30日内,根据第45条的规定获得其股份的回购,遵守第137条第1款和第4款的规定。(根据1997年第9.457号法律新增)

协议书

第224条　关于吸收合并、新设合并或分拆并入现有公司的交易,其条件必须由公司的管理机构或股东签署的协议书明确,协议书应包括以下内容:

(1)列出取代被取消股东权利的股份数量、类型和层级,以及确定交换比例的标准;

(2)对于公司分拆,需明确每部分资产和负债的组成;

(3)规定资产净值的评估标准、评估日期,以及评估后资产变动的处理方式;

(4)公司之间持有股份的处理方案;

(5)说明新设公司的股本金,或操作中涉及的公司股本的增加或减少;

(6)为实施该操作需要进行的章程修改方案；

(7)所有其他操作条件。

唯一款　有待确定的金额需以估算的方式标明。

理由

第225条　公司进行吸收合并、新设合并或分拆，必须经过股东会的批准。股东会需对以下内容进行说明：

(1)行动的动机或目的，以及公司进行该行动的利益；

(2)优先股股东将获得的股份，以及修改其权利(如果可预见)的原因；

(3)操作完成后公司的资本结构，包括股份的类别和层级；

(4)异议股东有权要求赎回股份的金额。

改制、合并和分拆的具体规定（根据2007年第11.638号法律修订）

第226条　只有在指定的专家确定新公司资本的净资产价值至少等于待实现资本的总额的情况下，才能批准进行公司合并和分拆的操作。

第1款　合并公司拥有的被合并公司资本中的股份或配额，可根据合并协议注销，或由合并公司的库存股取代,但不得超过留存收益和储备金的限额,法定储备金除外。

第2款 第1款的规定适用于吸收合并,即被合并公司之一拥有另一家公司的股份或配额;也适用于分拆并入,即分拆公司部分资产被并入的公司拥有其资本中的股份或配额。

第3款 证监会将制定特别评估和记账规则,适用于涉及公众股份公司的合并和分拆的操作。(根据2009年第11941号法律修订)

吸收合并

第227条 吸收合并是指一家或多家公司被另一家公司兼并,后者承继这些公司的所有权利和义务。

第1款 如果合并后公司的股东会批准了合并协议,就必须授权被合并公司的净资产增加资本,并任命评估其资产的专家。

第2款 如果被合并公司批准了合并协议,就必须授权其管理人员执行合并所需的所有操作,包括认购合并公司的增资。

第3款 如果合并后公司的股东会批准了评估报告和合并协议,被合并公司将被解散,合并后的公司负责备案和公告合并文件。

新设合并

第 228 条 新设合并是指两家或两家以上公司联合组成一家新公司,新公司将承继它们的所有权利和义务。

第 1 款 如果各公司的股东会批准了合并协议,应任命专家评估其他公司的净资产。

第 2 款 专家提交报告后,管理人员应召集各公司的合伙人或股东召开股东会,股东会应审议报告并决定新公司的最终成立,合伙人或股东不得就其所属公司的净资产评估报告进行投票。

第 3 款 新公司成立后,首任管理人员应负责备案和公告合并文件。

分拆

第 229 条 公司分拆是公司将其部分资产转移到一个或多个为了这个目的而新成立或已存在的公司中的操作。如果公司的全部资产都转移出去,那么原公司将被解散;如果只转移部分资产,那么原公司的资本将被分拆。

第 1 款 在不影响第 230 条规定的情况下,接受原公司部分资产的公司将承继原公司的相关权利和义务;如果分拆导致原公司解散,那么接受原公司资产的公司将按接收的净资产比例承继原公司的未列明权利和义务。

第2款 在公司分拆中,如果资产的一部分转移到新公司,则需要通过公司股东会的表决,并且要有包含第224条规定信息的说明。如果股东会批准同意,在指定专家评估将要转移的资产后,此次股东会将作为新公司的成立大会。

第3款 将部分资产转让给现有公司的分拆操作,应遵守关于公司合并的规定。(第227条)

第4款 如果分拆导致原公司解散,则接受资产的公司管理人员负责登记和公告分拆操作;如果只转移部分资产,则原公司和接收资产的公司管理人员共同负责该操作。

第5款 接受原公司资产的股份将按原有比例分配给原公司股东;如果需要按不同比例分配,必须得到所有股东的同意,包括无投票权的股东。(根据1997年第9.457号法律修订)

退出权

第230条 在公司合并的情况下,股东根据第137条第(2)项行使退出权的期限从批准操作的股东会会议纪要公告日期开始计算,但只有操作实际生效后才需支付回购款。(根

据 1997 年第 9.457 号法律修订）

债券持有人的权利

第 231 条 有流通债券的公司进行合并或分拆时，必须事先获得债券持有人的批准，需要通过专门召开的会议来完成表决。

第 1 款 如果赋予债券持有人在会议纪要公告后的 6 个月内，其持有的债券有被公司赎回的权利，则无须召开债券持有人会议进行表决。

第 2 款 在第 1 款的情况下，被分拆的公司和吸收其资产的公司将对债券的赎回承担连带责任。

债权人在公司合并中的权利

第 232 条 在公司合并发生后的 60 日内，如果债权人因该操作受到损害，可以通过司法途径申请取消这次操作。如果超过 60 日没有提出申请，债权人将失去该权利。

第 1 款 如果公司已经准备好支付相关款项，债权人申请取消的请求无法成立。

第 2 款 如果债务金额尚未确定，公司可以提供担保以确保债务的执行，此时取消合并操作的申请将会被暂停。

第 3 款　在本条规定的期限内，如果吸收合并后的公司或新成立的公司破产，任何合并前的债权人都有权要求将这些公司的资产进行分割，以便用各自的资产来偿还他们的债务。

债权人在分拆中的权利

第 233 条　在公司分拆导致原公司解散的情况下，接收原公司部分资产的新公司将共同承担原公司的债务。分拆后存续的公司和吸收其部分资产的公司应对前者分拆前的债务承担连带责任。

　　唯一款　部分分拆的协议可以约定，新公司只对接收的债务负责，不与其他新公司或原公司共同承担责任。但如果债权人在 90 日内书面通知公司，则债权人可以反对这项约定并要求所有公司共同承担债务。

权利义务承继登记

第 234 条　工商局出具的关于公司合并或分拆的证明文件，是用于在相关公共登记处登记权利义务承继的有效文件，涉及的资产、权利和义务将按照这个文件进行变更登记。

第十九章

混合所有制公司

适用法规

第 235 条 混合所有制公司受到本法约束,同时也受联邦法律特殊条例的约束。

第 1 款 混合所有制的公众股份公司还需要遵守证监会的规定。

第 2 款 由混合所有制公司控股或参股的公司也需遵守本法,但不适用本章列出的例外情况。

成立与控制权的取得

第 236 条 成立混合所有制公司需要事先获得立法授权。

唯一款 如果公共法人通过征用获得了现有公司的控制权,股东在首次股东会召开后的 60 日内有权要求回购其股份,除非该公司已经被另一公共法人或公共服务特许经营公司，直接或间接控制。

经营范围

第 237 条　混合所有制公司只能从事法律授权其设立时规定的业务。

　　第 1 款　混合所有制公司只能在法律授权的情况下参与其他公司的经营。

　　第 2 款　混合所有制金融机构可以参股其他公司，但必须遵守巴西中央银行制定的规范。

控股股东

第 238 条　控股混合所有制公司的法人具有控股股东的义务和责任（第 116 条和第 117 条），但可以根据公司设立时阐明的公共利益，指导公司的业务活动。

管理机构

第 239 条　混合所有制公司必须设立董事会并保证少数股东至少有一个董事席位，如果通过累积投票，少数股东未能选出一位董事，则少数股东有权推选至少一名董事。

　　唯一款　混合所有制公司董事的义务和责任与公众

股份公司董事相同。

财委会

第 240 条　混合所有制公司的财委会必须永久设立;其中一名成员及其候补由普通股少数股东选举,另一名成员由优先股股东选举(如果有的话)。

货币调整

第 241 条　(根据 1986 年第 2.287 号法律废止)

破产和次要责任

第 242 条　(根据 2001 年第 10.303 号法律废止)

第二十章
关联公司、控股公司和子公司

第一节 管理层报告中的信息

第243条 年度管理层报告必须列出公司在关联公司和子公司中的投资,并提及财政年当年发生的变化。

第1款 关联公司是指投资者对其有重大影响的公司。(根据2009年第11.941号法律修订)

第2款 子公司是指控股公司直接或通过其他受控公司持有股东权利,确保在公司决议中占据主导地位,并有权任命多数管理人员的公司。

第3款 公众股份公司应披露证监会要求的关于关联公司和子公司的任何其他信息。

第4款 当投资者没有公司的控制权,但是有权参与被投资公司财务或运营决策时,被视为具有重大影响。(根据2009年第11.941号法律新增)

第5款 当投资者持有被投资公司20%或20%以上的投票权但不对其进行控股时,推定存在重大影响。

（根据 2021 年第 14.195 号法律修订）

第二节 互持股份

第 244 条 禁止公司与其关联公司或子公司互持股份。

第 1 款 至少有一家公司按照法律允许的条件［第 30 条第 1 款(b)子项］购买自身股份的情况,不适用本条的规定。

第 2 款 子公司所拥有的控股公司的股份的投票权将被暂停。

第 3 款 第 30 条第 2 款的规定适用于关联公司和子公司购买公众股份公司股份的情况。

第 4 款 在第 1 款的情况下,如果利润或储备金减少,公司必须在六个月内出售超过利润或储备金价值的股份或份额。

第 5 款 由于合并、分拆或公司取得控制权而发生的互持股份,应在两家公司的报告和财务报表中提及,并应在最多一年的时间内消除;对于关联公司,除非另有协议,应出售最近购买的股份或份额,或者如果购买日期相同,则应出售占股比例较小的股份或份额。

第 6 款 若违反本条规定而互持股份,公司管理者将承担连带民事责任,并在刑事上承担等同于非法购买自有股份的责任。

第三节 管理人员和控股公司的责任

管理人员

第245条 公司管理人员不得为关联公司、控股公司或子公司的利益而损害公司利益。管理人员必须确保这些公司之间的交易条件是公平的,或者给予适当的补偿。如果管理人员违反这一条款,公司可以要求其赔偿由此造成的损失。

控股公司

第246条 控股公司有义务赔偿因违反第116条和第117条规定的行为给公司造成的任何损失。

第1款 以下情况可以提起赔偿诉讼:

(a)占股本5%或5%以上的股东;

(b)只要在诉讼失败时能够支付相关费用和律师费的任何股东。

第2款 如果控股公司被判定赔偿损失,除赔偿损失和支付费用外,还需支付20%的律师费以及5%的保费给起诉者,这些费用按赔偿金额计算。

第四节 财务报表

说明性附注

第247条 针对第248条提到的投资,在财务报表中的说明性附注需提供关联公司和子公司的准确信息,并包含以下内容:(根据2009年第11.941号法律修订)

(1)公司名称、股本和净资产;

(2)公司持有的股份或股权的数量、层级和类型,以及股份的市场价格(如有);

(3)财政年的年度净利润;

(4)公司与关联公司及子公司之间的债权和债务;

(5)公司与关联公司及子公司之间交易的收入和支出金额。

唯一款 以下情况被视为重大投资:

(a)对于每个关联公司或子公司,如果其账面价值等于或高于公司净资产的10%;

(b)对于所有关联公司和子公司,如果其账面价值合计等于或高于公司净资产的15%。

对关联公司和子公司的投资计量

第 248 条 在公司的资产负债表中,对关联公司或子公司的投资,以及属于同一集团或在共同控制下的其他公司的投资,应按照权益法进行计量,具体规定如下:(根据 2009 年第 11.941 号法律修订)

(1)关联公司或子公司的股权价值,应根据在同一天或不迟于公司资产负债表日期前 60 日按照本法编制的资产负债表或试算表确定。在计算净资产价值时,不包括与公司或者其他关联公司或子公司之间未实现的交易。

(2)投资价值应通过上文确定的净资产价值乘以在关联公司或子公司中的持股比例来确定。

(3)根据第(2)项的规定,投资价值与货币调整后的购置成本之间的差异,仅在以下情况下计入当期损益:

(a)来自关联公司或子公司的利润或亏损;

(b)实现的收益或损失;

(c)对于公众股份公司,需遵守证监会颁布的规定。

第 1 款 为确定投资的相关性,在本条规定的情况下,公司的对关联公司和子公司的应收账款余额应计入购置成本。

第 2 款 关联公司应在公司提出要求后,编制并提供第(1)项规定的资产负债表或试算表。

合并财务报表

第 249 条 对于公众股份公司,如果其净资产中超过 30% 是由其控制的子公司投资,除财务报表外,该公司还必须编制和披露合并财务报表,具体规定见第 250 条。

唯一款 证监会可以制定规则,决定以下公司的财务报表需要包含在合并财务报表中:

(a)那些虽然不受公司控制但在财务或管理上依赖于公司的企业;

(b)在特殊情况下,将一家或多家子公司排除在合并财务报表外。

合并财务报表的规定

第 250 条 在合并财务报表中应抵销以下内容:

(1)一家公司对另一家公司的持股;

(2)各公司之间的任何账户余额;

(3)各公司间尚未实现业务中产生的当期结果、累计利润或亏损、存货成本或非流动资产中的部分。(根据 2009 年第 11.941 号法律修订)

第 1 款 非控股股东在公司净资产和当期利润中的份额应分别在资产负债表和损益表中进行列示。(根据

1997年第9.457号法律修订)

第2款　未在合并中抵销的收购成本应在非流动资产中披露,并应该按照扣除减值后的净值披露,且在说明性附注中列示。(根据2009年第11.941号法律修订)

第3款　在证明存在实际收益之前,超过收购成本部分的股权价值将作为未来财政年度业绩的单独部分。

第4款　就本条而言,如果被控股公司的财政年结束日期比公司财政年结束日期早60日以上,应编制此差额期间内的特别财务报表。

第五节

全资子公司

第251条　公司可以通过公证的书面文件设立,并且唯一的股东必须是巴西公司。

第1款　以资产认购全资子公司资本的公司必须批准第8条所述的评估报告,并按照第8条第6款和第10条及其唯一款的规定承担责任。

第2款　通过巴西公司购买公司的所有股份,或按照第252条的规定,可以将公司转变为全资子公司。

股份合并

第252条 将一家公司的所有股份并入另一家巴西公司,使其成为全资子公司,必须经由两家公司股东会通过,并按照第224条和第225条的规定制作解释和说明文件。

第1款 若合并公司(吸收方)的股东会批准通过此操作,需授权增资,该增加的资本由并入的股份构成,并指定评估专家;股东没有优先认购权,但反对该决议的股东可以在遵守第137条第(2)项规定的情形下退出公司,并根据第230条的规定获得其股份的回购款。(根据1997年第9.457号法律修订)

第2款 被合并公司(被吸收方)的股东会需要有表决权的股份过半数通过,才能批准该操作;批准后,应授权董事会代表股东认购吸收方公司的增资,但反对该决议的股东可以在遵守第137条第(2)项规定的情形下退出公司,并根据第230条的规定获得其股份的回购款。(根据1997年第9.457号法律修订)

第3款 合并公司的股东会批准评估报告后,合并即告生效,被合并公司的股东将直接从合并公司获得相应的股份。

第4款 巴西证监会将制定公众股份公司股份合并操作的评估和会计特别规定。

全资子公司新增股东

第253条 根据公司股东所持有的股份比例,股东享有以下优先权:

(1)如果公司决定全部或部分出售全资子公司的股份,股东有优先购买权;

(2)如果公司决定新增其他股东并增资全资子公司,现有股东有优先认购权。

唯一款 股东对于全资子公司股份的认购应在股东会上进行,并遵循第171条的规定。

第六节 控制权的转让

披露

第254条 (根据1997年第9.457号法律废止)

第254-A条 就公众股份公司而言,控制权的直接或间接转让只能在满足以下条件无论是中止条件还是解除条件时进行:买方必须以公开要约的方式收购公司其他股东持有的有投票权股份,确保这些股份的收购价格至少是控制权股份支付价格的80%。

第 1 款　控制权转让是指直接或间接转让控制权股份、受股东协议约束的股份、可转换为有投票权股份的证券、股份认购权和其他相关证券或权利的行为,且会导致公司控制权的变更。(根据 2001 年第 10.303 号法律新增)

第 2 款　巴西证监会首先会核实公开要约是否符合法律要求,然后才会批准控制权转让。(根据 2001 年第 10.303 号法律新增)

第 3 款　巴西证监会负责制定公开要约的相关规定。(根据 2001 年第 10.303 号法律新增)

第 4 款　控制权的买方可以让少数股东选择是否继续留在公司,若不留公司,则支付他们获得相当于市场价格和控制权股份支付价格差额的溢价。(根据 2001 年第 10.303 号法律新增)

第 5 款　(已废止)。(根据 2001 年第 10.303 号法律新增)

须经授权的公众股份公司

第 255 条　依靠政府授权经营的公众股份公司,控制权的出售须事先获得有权批准修改公司章程的机构的授权。

第 1 款和第 2 款　(根据 1997 年第 9.457 号法律废止)

买方股东会的批准

第 256 条 公众股份公司在购买任何商业公司的控制权时,以下情况需经特别召集的买方股东会表决批准:

(1)购买对买方来说构成重大投资(第 247 条唯一款);

(2)每股或每个配额的平均价格超过以下三个数值中最高值的 1.5 倍:

(a)合同签订日前 90 日内在证券交易所或场外交易市场的平均交易价格;(根据 1997 年第 9.457 号法律修订)

(b)按公允价值评估(第 183 条第 1 款)的每股或每个配额的净资产价值;(第 248 条)

(c)股份或配额的净利润价值,不得超过最近两个财政年度每股年净利润[第 187 条第(7)项]的 15 倍,并进行货币调整。

第 1 款 根据第 8 条第 1 款和第 6 款的规定,购买提案或合同需附带评估报告,并经股东会事先批准或事后批准,否则管理人员将承担责任。(根据 1997 年第 9.457 号法律修订)

第 2 款 如果收购价格超过本条第(2)项所述三项价值中较大者的 1.5 倍,则持反对意见的股东有权根据第 137 条的规定,以接受公司回购其股份价值的方式退出公司,但须遵守本条第(2)项的规定。(根据 1997 年第

9.457号法律修订)

第七节

通过公开要约取得控制权

要求

第257条 公开收购一家公司控制权的要约必须有一家金融机构参与,该机构保证要约方履行承诺的义务。

第1款 如果要约涉及部分或全部证券置换,则必须在巴西证监会进行事先登记。

第2款 要约的对象必须是有投票权的股份,其数量足以确保控制公司,并且该要约是不可撤销的。

第3款 如果要约方已经持有公司有投票权的股份,那么要约可以只包括那些使其达到控制权的必要股份,但要约方必须向证监会提供其持有股份的证明。

第4款 证监会可以发布有关公开要约收购控制权的规定。

购买要约

第258条 购买要约书需由要约人和担保支付的金融机构签署,并登报公告,必须包括以下内容:

(1)要约人拟购买的最低股份数量,以及(如适用)最高数量;

(2)价格和付款条件;

(3)要约的最低接受人数和在接受人数超过最高限定时的分配方式;

(4)接受要约的股东表示接受要约并进行股份转让的程序;

(5)要约的有效期,不得少于20日;

(6)关于要约人的信息。

唯一款 要约书须在首次公告后二十四小时内通知证监会。

置换要约

第259条 置换要约的草案需提交至证监会,并申请预先登记。除第258条提到的信息外,文书还应包含有关置换的证券和这些证券发行公司的信息。

唯一款 证监会可就置换要约及其事先登记事项制

定规则。

保密要求

第 260 条 在要约发布之前，要约人、中介金融机构和证监会必须对计划中的要约保密，必须对拟定的要约保密。违反者将对造成的损失负责。

要约程序

第 261 条 要约的接受应在报价文件中指定的金融机构或证券市场中进行，接受者需要按照报价条件签署不可撤销的出售或置换订单，除非第 262 条第 1 款另有规定。

第 1 款 要约方可以在报价期结束前 10 日内，以价格增加 5% 或 5% 以上的方式，对报价条件进行一次更改。已接受要约的股东视为自动接受该报价更新后的条件。

第 2 款 要约期结束后，中介金融机构应将结果通知证监会，并登报公告以通知接受者。

第 3 款 如果接受要约的人数超过上限，则必须按照要约文书的规定进行分配。

竞争性要约

第262条 在遵守本节规定的前提下,正在进行的公开要约并不妨碍竞争性要约。

第1款 竞争性要约的公告,将使为接受原有要约所作的卖出指令自动失效。

第2款 初始要约人可以选择将要约期限延长至与竞争性要约一致。

要约期间的交易

第263条 巴西证监会可以制定规则,规范要约期间所涉及的股份交易行为。

第八节 子公司的吸收合并

第264条 在控股公司吸收合并子公司时,提交给子公司股东会的合并说明书,除应包含第224条和第225条规定的信息外,还应包括非控股股东的股份的置换比例。这些置换比例应基于控股公司和子公司的净资产价值,两个公司的净资产应按照相同的标准和日期以市场价格进行评估,或者

基于证监会接受的其他标准(若属于公众股份公司)进行评估。(根据2001年第10.303号法律修订)

第1款 两家公司资产的评估需要由三位专家或评估公司进行。如果是公众股份公司,这个评估必须由评估公司完成。(根据2001年第10.303号法律修订)

第2款 为了进行本条提到的比较,控股公司持有的子公司股份应按照控股公司资产中的价值进行评估。(根据2001年第10.303号法律修订)

第3款 如果合并协议中非控股股东的股份转换条件比本条规定的比较结果更不利,那么对股东会持异议的股东可以在第230条规定的期限内,在第45条规定的补偿金额与本条规定的价值间进行选择,且遵守第137条第(2)项的规定。(根据2001年第10.303号法律修订)

第4款 本条规定适用于子公司对控股公司的吸收合并,控股公司与子公司的新设合并,子公司或控股公司的股份合并,共同控制下的公司吸收合并、新设合并和股份合并。(根据2001年第10.303号法律修订)

第5款 如果控股公司是根据第257条至第263条的规定,通过证券交易所或公开要约购买了子公司的股份,则本条规定不适用。

第二十一章
集团公司

第一节 性质和特征

特征

第265条 控股公司及其子公司可根据本章的规定通过签订协议组成集团公司以便集中资源和力量达成各自的目标或者参与共同的活动或项目。

第1款 控股公司或集团的负责公司必须是巴西公司,并且应以直接或间接的方式作为股东,或通过与其他股东的协议永久地控制子公司。

第2款 集团内公司之间的相互持股必须遵守第244条的规定。

性质

第266条 集团公司内部的关系、管理结构以及子公司管理人员的协调或从属关系将由集团章程规定，但每个公司将保留独立的法人地位和资产。

命名

第267条 集团公司应在名称中包含"集团公司"或"集团"的字样。

唯一款 只有按照本章的规定组成的集团公司才能使用带有"集团公司"或"集团"字样的名称。

须获得营业许可的公司

第268条 公司若因其业务需要获得营业许可，只有在得到有权批准公司章程修改的机构批准后，才能加入集团公司。

第二节

成立、注册和信息公开

第269条 集团公司由构成该集团的各公司通过集团章程成立，该章程应包括以下内容：

(1)集团名称；

(2)控股公司和子公司名称；

(3)各公司的参与条件；

(4)限期(如有)及终止条件；

(5)其他公司加入和退出的条件；

(6)集团管理机构和职位、职责及集团与各公司管理机构之间的关系；

(7)集团控制权的国籍声明；

(8)修订集团章程的条件。

唯一款 就第(7)项而言,如果集团公司的控股公司受以下实体控制,则集团公司被视为在巴西的控制下：

(a)居住或定居在巴西的自然人；

(b)政府法人；

(c)直接或间接受(a)子项和(b)子项所述实体控制的巴西公司。

公司股东的批准

第270条 组建集团公司的章程必须按照修改公司章程或规章制度的规定进行批准[第136条第(5)项]。(根据1997年第9.457号法律修订)。

唯一款 不同意加入集团公司的合伙人或股东有权根据第137条的规定,要求回购其股份或配额。

注册和信息公开

第271条 自下列文件在控股公司住所地的工商局登记备案之日起,集团公司视为成立:

(1)集团公司的章程;

(2)批准组建集团公司的所有股东会会议纪要或公司章程修订文件;

(3)经公证的控股公司及集团内其他公司在各子公司中持有股份或配额数量的声明,或确保控制子公司的股东协议副本。

第1款 当子公司位于不同地点时,批准集团章程的股东会会议纪要或公司章程修订文件应在各自住所地的工商局备案,并在集团控股公司的住所进行登记。

第2款 工商局备案的证明应予以公告。

第3款 自备案之日起,控股公司及其子公司应在各自的名称前加上集团名称。

第4款 集团章程的修订应遵守第135条第1款的规定,并根据本条进行备案和公告。

第三节 管 理

集团的管理人员

第272条 集团章程应定义公司的管理机构,可以创建集体决策机构和总经理职位。

　　唯一款　除非集团章程中有明确规定并已在工商局备案登记和披露,否则公司对外的代表权由各公司的管理人员根据各自的公司章程行使。

子公司的管理人员

第273条 子公司的管理人员在不影响其职责、权力和责任的前提下,应遵守集团管理人员制定的总则和指示,但不得违反法律或集团章程。

薪酬

第274条 集团管理人员及同时在多个公司担任职务的人员,薪酬可在各公司之间分摊。管理人员奖金(如有),可以在第152条第1款规定的范围内,根据集团合并财务报表计算的结果确定。

第四节 财务报表

第 275 条 集团公司应公告各公司的财务报表以及包括所有集团公司在内的合并财务报表,合并报表需遵循第 250 条的规定。

第 1 款 集团的合并财务报表应与控股公司的财务报表一起发布。

第 2 款 控股公司应按照本法规定公告财务报表,即便它不是股份公司。

第 3 款 公司应在其公告的财务报表中注明发布集团上一期合并财务报表的机构。

第 4 款 含有公众股份公司的集团合并财务报表必须由在证监会注册的独立审计员审计,并遵循证监会的规定。

第五节

违反集团章程所造成的损失

第 276 条 集团内部资源的调配,某家公司与其他公司或与集团间利益关系的排序,以及参与活动或项目的成本、收入或成果的分配,只有在符合集团章程的前提下,才可以对少数股东提出要求。

第1款 就本条而言,少数股东是指该子公司的所有股东,控股公司和集团其他子公司除外。

第2款 根据集团章程,成本、收入和成果的分配以及公司之间的补偿,必须在每个财政年度的财务报表中确定和记录。

第3款 子公司的少数股东可以对集团公司的管理人员和控股公司提起诉讼,要求赔偿因违反本条款规定所造成的损失,但需要遵循第246条的规定。

子公司的财委会

第277条 当子公司的财委会是非常设机构时,持有至少5%普通股或无投票权的优先股的非控股股东,可以要求设立财委会。

第1款 设立子公司财委会时,应遵守以下规定:

(a)非控股股东将进行单独投票,有投票权的股份有权选举一名成员及其替补成员,无投票权或有限投票权的股份有权选举另一名成员;

(b)控股公司和其他子公司可以选举比(a)子项数量多一名的财委会成员及其替补。

第 2 款　子公司的财委会可以要求控股公司或其他子公司的管理机构提供其认为必要的澄清或信息，以监督集团章程的遵守情况。

第二十二章

联 营 体

第278条 公司和任何其他实体,无论是否在同一控制下,均可组成联营体来实施某一项目,但须遵守本章的规定。

第1款 联营体不具有法人资格,联营体成员公司应在各自合同规定的范畴内承担责任,彼此不对对方的债务承担连带责任。

第2款 联营体中某个公司的破产不会影响其他公司,也不影响联营体的存在。破产公司拥有的债权将按照联营体合同的规定进行清算和支付。

第279条 通过有权批准非流动资产处置的公司管理机构审议通过的联营体合同,设立联营体。联营体合同中必须包含以下内容:(根据2009年第11.941号法律修订)

(1)联营体名称(如有);

(2)成立联营体要执行的项目;

(3)期限、地址和管辖权;

(4)各成员公司的义务和责任,以及具体的分配方式;

(5)获取收入和分配成果的规则;

(6)联营体的管理、会计、代表和管理费用(如有)的规定；

(7)关于共同利益事项的决策方式,以及每个成员公司的投票权重；

(8)各成员公司对共同费用的分摊(如有)。

唯一款　联营体的合同及其变更,需要在联营体注册地的工商局进行备案,并且公告备案证书。

第二十三章

股份合伙公司

第 280 条 股份合伙公司是指将资本分为股份的公司，它遵循公司法中关于股份公司的规定，且需要遵守本章的规定。

第 281 条 股份合伙公司可以用商号或公司名称进行交易，商号或公司名称只应包括合伙人或经理的姓名。根据本法的规定，在商号或公司名称中出现的人应对公司的义务承担无限连带责任。

唯一款 商号或公司名称后必须标明"股份合伙公司"字样的全称或缩写。

第 282 条 只有股东或合伙人可以作为主管或经理来管理公司，他们对公司的债务承担无限连带责任。

第 1 款 由公司章程规定主管或经理的任命，任命无时间限制，且他们只有在至少占公司总股本 2/3 的股东表决同意时，才能被罢免。

第 2 款 被罢免或辞职的主管或经理仍然要对他们管理期间产生的债务负责。

第 283 条 未经主管或经理同意,股东会不得改变公司的主要经营内容、延长公司的存续时间、增资减资、发行债券、设立收益权证,也不得批准加入集团公司。(根据 1997 年第 9.457 号法律修订)

第 284 条 本法关于累积投票、董事会、法定授权增加资本和发行认股权证的规定不适用于股份合伙公司。(根据 2021 年第 14.195 号法律修订)

第二十四章

诉讼时效

第285条 公司成立存在缺陷或错误的,诉讼时效为公司成立文件公告起一年内。

唯一款 即使已提出诉讼,公司仍可通过股东会的决议纠正缺陷或错误。

第286条 对于年度或特别股东会召集或召开不合法、违反法律或公司章程规定,或者因错误、欺诈等做出的决议,诉讼时效为决议之日起两年内。

第287条 诉讼时效规定如下:

(1)1年:

(a)对评估资产的专家和资本认购人的民事诉讼,自批准评估报告的股东会会议纪要公告之日起算;

(b)未偿付债权人对股东和清算人提起的诉讼,自公司清算结束的股东会会议纪要公告之日起算。

(2)3年:

(a)要求支付股利的诉讼,自向股东分红之日起算。

(b)对创始人、股东、管理人员、清算人、财委会成员或控

股公司因故意或过失行为造成的损害提起的诉讼,诉讼时效如下:

①对于创始人,自公司章程公告之日起算;

②对于股东、管理人员、财委会成员和控股公司,自批准存在违规情况年度财务报表的股东会会议纪要公告之日起算;

③对于清算人,自违规行为发生后的第一次股东会会议纪要公告之日起算。

(c)对股东因恶意收取股利提起的诉讼,自宣布股利的年度股东会会议纪要公告之日起算。

(d)对管理人员或收益权证持有人因恶意收取利润提起的诉讼,自宣布利润支付的年度股东会会议纪要公告之日起算。

(e)对债券持有人的受托人或收益权证持有人因故意或过失行为提起的诉讼,自知悉违规行为的股东会会议纪要公告之日起算。

(f)对违反第260条保密义务提起的诉讼,自要约发布之日起算。

(g)股东对公司提起的诉讼,无论其是何诉讼依据。(根据2001年第10.303号法律新增)

第288条 如果诉讼需要基于刑事法庭调查的事实情况,那么诉讼时效不会在相应的最终判决或刑事诉讼期满前失效。

第二十五章

一 般 规 定

第 289 条 本法规定的公告文件应符合以下要求:(根据 2019 年第 13.818 号法律修订)(生效)*

(1)应在公司住所地发行的大型流动报纸上以摘要形式进行发布,并在同一份报纸的网络页面披露文件全文。报纸必须通过巴西公共密钥基础设施(ICP-Brasil)认证机构颁发的数字认证来验证文件的真实性。(根据 2019 年第 13.818 号法律修订)(生效)

(2)对于财务报表,以摘要形式发布的内容应至少包含与前一财年数据对比的总体信息或数值,涉及每种账户及其分类,以及独立审计师和财委会的相关说明和意见摘录。(根据 2019 年第 13.818 号法律修订)(生效)

第 1 款 证监会可决定本法规定的文件还应在公司证券交易的证券交易所或场外市场交易所在地的报纸上披露,或通过其他方式确保其广泛传播和及时发布。(根

---

* 原文表述如此,无特殊含义。——译者注

据1997年第9.457号法律修订)

第2款 如果公司住所地没有报纸发行,则应在大型流通刊物上发布。

第3款 公司必须始终在同一份报纸上公告本法规定的文件,任何变更都必须在股东会会议纪要的摘录中提前通知股东。

第4款 第3款末尾的规定不适用于在其他报纸上公告会议纪要或财务报表的情况。

第5款 本法规定的所有公告文件都应在工商局备案。

第6款 资产负债表和损益表的披露可用以千雷亚尔为单位的货币表示。(根据1997年第9.457号法律修订)

第7款 在不影响本条正文规定的前提下,公众股份公司还可以通过互联网发布相关公告。(根据2001年第10.303号法律新增)

第290条 在根据本法提起的诉讼中,应根据实际结算季度进行的货币调整,对损失和损害进行赔偿。

第291条 证监会可根据第105条、第123条唯一款(c)子项、第141条、第157条第1款、第159条第4款、第161条第2款、第163条第6款、第246条第1款(a)子项和第277条的规定,参考公司股本的规模,调整适用于公众股份公司的最低百分比要求。(根据2001年第10.303号法律修订)

唯一款 证监会可以选择降低第249条所述的百分比。

第292条 1965年7月14日第4.728号法律第62条规定的公司,可以持有无记名股份。

第293条 证监会可授权证券交易所和其他实体(无论是否为金融机构)提供本法以下条款规定的服务:(根据2022年第14.430号法律修订)

(1)第27条;(根据2022年第14.430号法律新增)

(2)第34条第2款;(根据2022年第14.430号法律新增)

(3)第39条第1款;(根据2022年第14.430号法律新增)

(4)第40条至第44条;(根据2022年第14.430号法律新增)

(5)第72条;(根据2022年第14.430号法律新增)

(6)第102条和第103条;(根据2022年第14.430号法律新增)

唯一款 (根据2013年第12.810号法律废止)

第294条 年收入不超过7800万雷亚尔的封闭股份公司可以享有以下权利:(根据2021年第182号补充法修订)(生效)

(1)(已废止);(根据2021年第182号补充法修订)(生效)

(2)(已废止);(根据2021年第182号补充法修订)(生效)

(3)可以以电子形式披露本法规定的文件,但本法第289条规定的情况除外;(根据2021年第182号补充法修订)(生效)

(4)可以使用电子记录替代第100条所述的簿册。(根据2021年第182号补充法新增)(生效)

第1款 公司必须保存股东会召开公告送达的收据,并将其公证副本与股东会会议纪要一同在工商局备案。

第2款 对于本条所述的公司,在股东一致表决通过的情况下,可以不按照第152条第2款的规定支付管理层的报酬。

第3款 本条规定不适用于集团公司的控股公司或其子公司。

第4款 如果公司章程未明确规定股利分配,则股东会可以自由决定,在这种情况下,本法第202条的规定不适用,但不能损害优先股股东的固定或最低股利权利。(根据2021年第182号补充法新增)(生效)

第5款 经济部长的法令应规范本条的规定。(根据2021年第182号补充法新增)(生效)

第294-A条 证监会应规范较小规模公司进入资本市场的便利条件,并可以免除或调整以下规定:(根据2021年第182号补充法新增)(生效)

(1)在本法第161条中,关于应股东要求必须设立财委会的规定;(根据2021年第182号补充法新增)(生效)

(2)在本法第170条第5款中,在不影响1976年12月7日第6.385号法律第2条第3款第(3)项规定的情况下,关于证券公开发行必须通过金融机构中介的规定;(根据2021年第182号补充法新增)(生效)

(3)在本法第109条第(1)项、第111条第1款和第2款以及第202条中,关于法定股利的规定;(根据2021年第182号补充法新增)(生效)

(4)在本法第289条中,关于公告文件的规定;(根据2021年第182号补充法新增)(生效)

(5)(已否决)。(根据2021年第182号补充法新增)(生效)

第294-B条 就本法而言,小型公司是指年总收入低于5亿雷亚尔的公司。(根据2021年第182号补充法新增)(生效)

第1款 在1976年12月7日第6.385号法律规定的职能前提下,证监会可以制定适用于小型公司的简化程序,尤其在以下方面:(根据2021年第182号补充法新增)(生效)

(1)申请发行人注册;(根据2021年第182号补充法新增)(生效)

(2)公开发行证券;(根据2021年第182号补充法新

增)(生效)

(3)定期和临时信息的编制和提交。(根据2021年第182号补充法新增)(生效)

第2款　证监会可以:(根据2021年第182号补充法新增)(生效)

(1)规定本条定义小型公司金额的更新,以及在进入资本市场后定义其为小型公司的标准;(根据2021年第182号补充法新增)(生效)

(2)为根据本条被定性为小型公司的公众股份公司制定适用的管理规则。(根据2021年第182号补充法新增)(生效)

第二十六章

过渡性条款

第295条 本法自公布之日起60日后生效,适用于所有本法公告后成立的公司。

第1款 本条规定不适用于以下情况:

(a)财务报表的编制,现有公司需从1978年1月1日后的财政年度起遵守本法关于财务报表编制的要求;

(b)现有公司应在(a)子项要求的时间后开始遵守并在财务报表中包含前一年度的数据;(第176条第1款)

(c)1978年1月1日后的财政年度开始强制要求编制和公布合并财务报表。

第2款 管理人员的利润分成继续遵循现行法律和公司章程的规定。从1977年开始的财政年度起,适用第152条第1款和第2款的规定。

第3款 对无记名股份表决权的限制(第112条),仅自本法生效之日起满一年后执行。

第296条 现有公司应在本法生效后一年内,按照本法的规定修改公司章程,并为此目的召集股东会。

第1款 管理人员和财委会成员对未遵守本条规定而造成的损失负有责任。

第2款 本条规定不影响在本法发布之日已有的收益权证和流通债券的财务权益,这些权益只能根据第51条和第71条第5款的规定进行修改或减少。

第3款 现有公司应在本法生效后五年内,取消第244条及其各款所禁止的互持股份。

第4款 如果现有公司章程未规定股利,或分红条件不符合第202条第1款的要求,可根据第202条第2款的规定设定最低分红比例,不同意该决定的股东有权退出公司,并按照第45条和第137条的规定获得其股份的回购。

第5款 第199条的规定不适用于1977年1月1日之前的财务报表中形成的储备金和累积利润。

第6款 第237条第1款和第2款的规定不适用于本法发布之日已存在的股份。

第297条 拥有优先分配固定股利或最低股利优先股的现有公司,免受第167条及其第1款的约束,前提是公司在第296条规定的时间内,在公司章程中规定优先股在公司股本年度调整中的参与方式,并遵守以下规定:

(1)增资可以由股东会决议通过,但当第182条第3款所述账户余额超过公司股本的50%,则必须增资;

(2)储备金的资本化可以通过增加股份面值或发行新的红利股来进行,由股东会负责选择每次增资所采用的方法;

(3)在任何情况下,都应遵守第17条第4款的规定;

(4)公司章程中的入股条件应当在公司股份证书中注明。

第298条 股本低于500万克鲁赛罗的现有公司,可以在第296条规定的时间内,通过代表2/3股本的股东投票表决,将公司转变为有限责任公司,但必须遵守以下规定:

(1)股东会表决时,每股都有一票表决权,不论股份层级或类型;

(2)变更后的有限责任公司必须全额缴纳其股本,并且其公司章程应确保可在股东之间或向第三方自由转让股份;

(3)对股东会决议持异议的股东可以要求按市场价格的净资产价值回购其股份,但需遵守第45条和第137条的规定;

(4)回购请求的期限为股东会会议纪要公告后90日内,记名股份持有人的期限从收到书面通知之日起算。

第299条 保留东北部发展署(SUDENE)、亚马逊发展署(SUDAM)、渔业发展署(SUDEPE)、巴西旅游局(EMBRATUR)和植树造林领域的有关股份公司的特殊立法,同时保留1962年12月3日第4.131号法律和1964年8月29日第4.390号法律的所有规定。

第299-A条 截至2008年12月31日,在递延资产中的余额,如果因其性质无法分配到其他科目中,可以继续保持在递延资产中,直到摊销完毕,但需要根据本法第 183 条第 3 款对资产可回收性进行分析。(根据 2009 年第 11.941 号法律新增)

第 299 – B 条 截至 2008 年 12 月 31 日,未来财政年度收益中的余额应重新分类为非流动性负债中的递延收入账户。(根据 2009 年第 11.941 号法律新增)

唯一款 该余额的记录应明确显示递延收入及其相应的递延成本。(根据 2009 年第 11.941 号法律新增)

第 300 条 特此废除 1940 年 9 月 26 日颁布的第 2.627 号法令(第 59 条至第 73 条除外),以及与本法相抵触的其他规定。

巴西利亚,1976 年 12 月 15 日,巴西独立 155 周年,巴西共和国 88 周年